霊感書店員の恐怖実話

怨結び

104（トシ）著

竹書房文庫

まえがき

人を点で表せば、その点と点を線で繋げたものが『縁』なのだと思います。

しかし線は常に真っ直ぐな訳でなく、曲がる事や絡まる事もあるでしょう。

全てが良縁ではなく、奇縁も悪縁も存在します。

最悪、『縁』で結ばれる筈が『怨』で結ばれる事も……。

こうした結び付きは、私達が思っている以上に強い力を持っています。

それこそ、人を殺《あや》めてしまう程の力を。

『怨結び』は身の上で起こった実話を小説サイト『エブリスタ』にて掲載、竹書房さんのご厚意により書籍化となりました。

当時の私は時間を持て余しており、様々な心霊スポットへ友人と出かけていました。

今にして思えば考え無しで、日々の退屈さを埋める刺激欲しさだったように思います。

恐ろしい体験をしても、その話を仲間が楽しんで聞いてくれる事が嬉しくて、再び心霊スポットに赴《おもむ》く……半ば恐怖心が馬鹿になっていたのかも知れません。

結果、一生記憶から消せない恐怖を味わい、自ら危険な場所へ赴く愚行から足を洗った訳ですが、気付けば普通では有り得ない事が向こうからやってくるようになりました。

怪異とは得体が知れない故に恐ろしく、それを体験した者は話しても信じてくれない、助けてくれないという孤立状態になりやすいものです。

故に不可思議な体験をしている私に話を持ち掛けてくるのでしょう。

けれど私は祈祷師でも除霊師でもないので、根本的な解決をする事はできません。せいぜい話を聞き、現場に赴く程度。それでも喜んで頂けるので嬉しい限りです。

偶然にも事件に巻き込まれた、不運にも最悪な人物と関わった……予期せぬ事態とは常に身の回りにあります。それは如何に注意を払っていたとしても起こります。

「自分に至っては大丈夫、生まれて一度も幽霊など見た事ないし」という楽観的な考えはやめましょう。起こってからでは遅いのです。

警察が動く騒ぎになる前に。大切な人を失う前に。不幸な出来事が起こってしまう前に。

本作は、あなたへの警告であり、私の遺書でもあるのです。

イラスト・エザキリカ

霊感書店員の恐怖実話 怨結び

104（トシ）・著

目次

※本書は、小説投稿サイト〈エブリスタ〉に投稿された作品「怨結び1～9」「怨結び２０１８」に加筆修正し、一冊に纏めたものです。

もうあれから十年以上が過ぎ去った。
そろそろ頃合いだと思う。
警察が動き出す事も、当時の関係者が連絡をしてくる事もないだろう。
閲覧者が信じるか疑うかは問題ではない。
ただ、話を聞いてもらいたいだけなんだ。
そして、願わくば覚えておいて欲しい。
これは明日、あなたの身にもふりかかる可能性があるという事を——

怨結び

当時、僕は岡山県の高梁市《たかはし》という場所で大学生活を送っていた。

初めての一人暮らしに意気揚々としたのも束の間、単位を取る事に躍起となり、朝から晩まで講義室にこもっては授業を受けていたあの頃。

一年目である程度の単位を取得した後に言われた事は「二年目からが勝負」という台詞だった。

なるほど確かにそうかもしれないと二年目も努力した結果、得たものは大量の獲得単位数と長すぎる自由な時間。

元々は児童カウンセラーという職種に憧れ、大学受験を行った。今思えば母校に戻りたくないという理由だけで教職課程を取得しなかったのは愚かだったと後悔している。

元々親が好きではなかった僕は長期休みに地元に帰っても一週間たらずでまた岡山へと戻り、日がな一日新しい晩飯開発に取り組んだり、ビデオを借りて観たりと、自分なりの自由を満喫していた。

そんなある日の事。

大学で仲のよかった友人から電話がかかってきた。

「おぉ、電話出るとは思ってもみなかった。いつからコッチに戻ってきてたんだ？」

受話器から聞こえてきた声は、三歳年上でありながら同級生の通称ヤマさんだった。自分の兄貴分として、当時は本当にお世話になっていた。

「二、三日前には戻ってたよ。ヤマさんは地元に戻らなかったの？」

「実家は新潟だし、バイトも入ってたからさ。初めから戻るつもりなんてなかったんだ」

一応説明しておくと、当時はまだ今ほど携帯電話が主流になっておらず、メールだって十五字くらいしか送れなかった。

ＰＨＳは所持していたものの、電話代が怖いと感じたビビリの僕は、もっぱら友達と話す時はアパートに備え付けの固定電話を利用していた。

「それはそうと、どうしたの？　何か用事？」

「あぁ、そうそう。ちょっとバイトの人に面白い噂を聞いてさ。こんな話乗ってくるのはトシくらいしかいないと思ってさ」

「面白い噂？」

「あぁ。四国にある崖なんだけどさ、ここがどうやら物凄い心霊スポットらしいんだ」

その手の話は嫌いではなかった。いや、むしろ好きといっていい。当時は色んな友人と心霊スポットを巡るのが密かなブームになっていたくらいだ。だから当然、今回も食い付いた。

「面白そうな話だね」

「丁度、別の友達から車を借りる事もできたし。行ってみないか？」

「二人だけで？　他には誰か呼ばないの？」

「夏休みだから、ほとんどの奴は帰郷してる。それに、このテの話が苦手な奴もいるしな」

「確かにね……ＯＫ。出発はいつ？」

「二日後だ。朝の内に出発して、次の日の夕方に戻るってのを考えてる」

「それでいいよ。どうせ暇を持て余してる所だし。楽しみにしてるよ」

「んじゃまた、前日に連絡入れる。カメラ忘れないようにな」

電話はそこで切れた。僕はパソコンラックの上に置いていたインスタントカメラ（チェキという名前で当時流行っていた）を手に取り、フィルムの残量を確認する。

「今までも結構心霊スポット巡って、不思議な体験してきたけど……今度こそ心霊写真ってのをおさめてみたいな」

試し撮りで自分の部屋を撮影してみる。名刺を少し大きくしたような写真には、いつも通りの何もない天井しか写し出されなかった。

出発の日、僕はヤマさんが友人から借りたという車に乗り込み、一路徳島県へと向かった。車からはカーペンターズの曲が流れ、とてもこれから心霊スポットに向かうような雰囲気ではなかった。

「それで、どんな噂なの？」

コンビニで購入したドリンクを飲みながらヤマさんに訊ねてみる。

「なんでも地元では有名な崖があってさ、そこで自殺を行う人間がやたら多いらしいんだ。でも中には新婚女性だったり、子供が生まれたばかりの男だったり、どうも自殺しようって感じの奴じゃないのもいたみたいでさ」

「まぁでも、人の心なんて分からないしね。外見は明るく振る舞っていても、暗い闇を抱えている人なんか一杯いるって」

「自分もその一人とでも言いたそうだな、トシ。……んで、中には崖から落ちたものの、運がいいのか悪いのか死にきれなかった人もいたみたいで。病院で家族が訊ねてみたらしいんだ。なんでこんな馬鹿な事をしたんだって。そしたら、そいつは言ったらしい。『覚えてない。何も覚えてない。ただ誰かに呼ばれた気がして、気が付いたらここのベッドで眠っていた』……と」

「覚えていない？　自分で自殺をしておきながら？」

「真相は分からない。けど一部の人間はこう言ってる。『悪霊に引きずり込まれたんだ』ってな」

「なるほどね。その崖で自殺を行った死者が仲間を求めて……って事？　迷惑極まりないな。自分で死を選んでおきながら、都合のいい事を」

「相変わらずだな。最近は金縛りにあったとか幽霊を見たとかないのか？」

「皆で深夜に霊が出るっていう神社に行って、着物姿の小さな女の子が手毬遊びをしてたのを見たのが最後だよ」

「あー、言ってたな。俺も参加しとけばよかった。金縛りとかはあった事あるけど、幽霊見た事は一度もないからな。是非お目にかかりたい」

「そんな期待するようなモノでもないって……」

そんな話をしながら、車は進んでいく。

目的地である崖に到着したのは夕方頃。本番は夜だが、下見をかねて先に問題の地点に向かう事にした。

「綺麗な場所じゃないか。観光してる人もチラホラ見えるし」

リアス式海岸が続き、二キロ程の垂直絶壁が壮大な景観をつくっている。

まるで二時間ドラマのワンシーンのような場所だというのが感想で、遠くに見える夕日が更に美しさを演出していた。

(確かに綺麗だけど……この光景を最後に死んでいった人達がいるんだよな)

そう考えると悲しくなってしまう。死ななければならないほど大きな問題だったのだろうか。もう一度死ぬ気になって頑張ってみようとは考えなかったのか……

「現段階で、おかしな感じとかしないか？　霊が見えるとか」

「特にないね。そういった場所に来たり霊が近くにいたりすると身体が反応するんだよ。背中がビリビリッとして、耳鳴りがしたり」

「やっぱり夜じゃないとダメって事か。んじゃとりあえず腹ごしらえでもして、時間を潰すとしよう」

街へと移動する前に、僕は持っていたインスタントカメラで美しい光景を撮影した。部屋に飾ってもいいくらいの綺麗な写真だった。

――深夜一時半。

再び崖へとやってきた僕達は車の中で音楽を聴きつつ辺りの様子を窺っていた。

「やっぱり霊が出るとすれば、丑三つ時だよな」

「とりあえず数枚、写真を撮ってみるよ。何か写ればいいんだけど」

「崖に落ちないよう気をつけろよ。車のライトが当たらない場所には行かないほうがいい」

「分かってるよ、大丈夫」

車から出た自分は、真っ暗な世界を数枚写真におさめる。確認してみるが、当たり前のようにおかしなものは何も写っていない。

「場所が違うのかもしれない。ちょっと移動してみるか」

ヤマさんの提案に頷き、車は別のポイントへ。

……そこで僕達は、とんでもない体験をしてしまう事となる。

二時が過ぎた。ヤマさんも自分も車から降りて、交互に写真を撮っていく。

「……何も写らないな。噂で聞いていたポイントは、ここで間違いないと思うんだが」

「まぁ、そんなモンだよ。でもいいじゃないか、夕方にあれだけ綺麗な光景を見れたわけだし」

「料理も美味かったしな。ただのドライブと考えれば、まぁ良かったかも」

岡山へ戻る事を決めた僕達は車の中へ移動。シートベルトをかける僕と、帰りの曲を何にするか迷っているヤマさん。

「眠気覚ましにロックでもかけよう。このアーティスト知ってるか？　俺も最近別の友達から薦められて聴いたんだけど、これがなかなか――」

次の瞬間。


ドォオオオォオオオオンッッッ！！！


物凄い衝撃が走った。フロントガラスは割れ、車体が大きく傾く。

「なっ、何だ？！！」

不測の事態に動揺しつつ、車の外へ出る。そこで目にしたものは――前部分のへこんだ車の哀れな姿と、地面に転がる女性の姿だった。

俯いた状態で倒れている上に、辺りが真っ暗なので顔は確認できない。しかし微かに照らされた車のライトに、真っ赤なものが見えていた。

血である。

「お、おい！　どうなってる!?　何が何やら、さっぱり分かんねぇぞ!?」

「と、とにかく病院！　救急車を呼ぼう！」

「で、でも電話なんてどこにも……！」

「車は動く!?　動くようなら人のいる場所まで行って助けを求めよう！」

「わ、分かった！」

ボロボロになったものの、車はなんとか動かす事ができた。

本来なら一人が助けを呼び、もう一人が救命措置を行うべきなのだろうが、この時の僕達は動揺しており、そんな事に気など回らなかった。

急いで車に乗りこみ、人のいる場所へと向かう。

「ど、ど、どうなってんだよ!?　何が何だか……さっぱり分かんねぇよッ！」

涙声で運転をするヤマさん。パニックになっているのは自分も一緒だったが、相手がいるという事で若干早く冷静になる事ができた。

「もしかして、ゆゆ、幽霊だったんじゃないのか!?　今も車を追いかけてきているんじゃないのかッ？！！」

「そんな事はない！　あれは間違いなく人だった！　何が起こっているかなんて分からないけど……とにかく、助けを呼ばなくちゃ……！」

幸いにも近くに民家があったので、僕達はそこの人に事情を話して電話を貸してもらった。

一一九に連絡し、詳しい場所を教えると、数分後には救急車がやってきた。

先導するように車を動かし、元の場所に戻ってきた。やはり先程と変わらない体勢で、女性が倒れている。

「急いで病院へ！　危険な状態だ！」

女性をストレッチャーに乗せ、心臓マッサージを行う救急士。

すぐさま警察も現場に現れ、僕達は再び事情を説明する事となった。

——昼を過ぎた頃。

警察署で待機していると、二人の警官が現れて事の真相を教えてくれた。

「突然車に大きな衝撃が走り、女性が地面に倒れていたと言っていたね？」

「は、はい……そうです」

「こちらで調べてみた結果……女性はどうやら、崖から自殺を試みたらしいんだ」

「崖から……自殺……？」

「つまり君たちの車が崖下にあり——女性はそれに気付かず身を投げたという事になる」

「……マジかよ……」

ヤマさんの呟きが、やけにはっきりと耳に聞こえた。

「とりあえず女性は一命を取り留めたようだ。意識も戻ったみたいだから病院へ連れていこう。車で送るのでついてきなさい」

言われるがまま、僕とヤマさんはその女性が運ばれた病院へ向かう事となった。

病室前の廊下には、年老いた女性が立っていた。警察の姿を見ると、少し怯えた様子で頭を下げる。

「こちらは今回の第一発見者であり、娘さんを救うのに助力された方達です」

それを聞いた瞬間、女性は僕らに向けて深々と頭を垂れた。

「ありがとうございます……ありがとうございます……」

警官を廊下に残し、病室の中へと案内される。

（うわ……これはまた……ひどいな……）

彼女は顔全体に包帯が巻かれ、見えるのは目と口元だけだった。思わず顔をしかめてしまう自分。

虚ろな瞳をしていて、意識がちゃんとしているのかどうかも定かではないように思える。

「ほら、あなたからもお礼を言いなさい……ごめんなさい、今はこんな状態なので……」

「いや……気にしないでください……」

そんな折、自殺を試みた女性の母親らしいこの人は小声で何かを言ってきた。

「この子はまだ未成年で、将来の事もありますし……誠に勝手なお願いではありますが……どうか今回の事は、大きな事にしないで欲しいんです……」

意外な言葉に驚いた。

つまりは今回の一件を、黙っておけと言っているのである。

「勿論警察の方にもお願いしています……深夜にあの場所を訪れて、足を滑らせてしまい転倒してしまったと……勿論、破損してしまったお車は弁償させて頂きます。後生だと思って、何卒……何卒……」

床に膝をつき、土下座をしてくる女性。慌てた僕らは目を見合わせ、小さく頷いた。

「まぁ……こちらも怪我はありませんでしたし……車さえキチンと直してくれるのであれば……」

「本当ですか!?　ありがとうございます、ありがとうございます……！」

何度も頭を下げる母親。そんな時、ふと今回怪我を負った女性に目を向けると——。

彼女が、じっと僕らを見つめていた。睨むような刺すような視線で……ずっと。

目を離す事もできずにいると、微かに唇が動いた。

何度も何度も同じ唇の動きだったので、何か話そうとしている事は分かった。

必死に読唇術を試みる。正確にあっているかどうかは分からないが……僕には彼女が、こう言っているように思えた。

一緒　ニ　　バ

死　　ネ　　ノ

良　　カ　ッタ　　ニ

……思わず背筋に、冷たいものが走った。

——帰りの車中、ヤマさんにその事を話すと驚いた表情をしてみせた。

「……マジかよ、ありえねぇ」

ボロボロになった車は相手側が直して、また連絡するという事だったのでレンタカーを借りて岡山へと戻る運びとなった。当然と言っては何だが、向こうが費用を出してくれた。

「もしかしたら、あの女性は崖下にある自分達の車目がけて飛び下りたのかもしれない……」

「自分だけでなく、俺達も巻き添えにしようと？　とんでもねぇ女だな！　なんかムカムカしてきた！」

ハンドルを殴りつけるヤマさん。彼がここまで怒りを露わにしているのを僕は初めてみた。

「あの母親も、絶対怪しいしな……」

「怪しいって何が？」

「気付いていなかったか？ 病室のテーブルに、小さな位牌みたいなモンを置いていただろう？」

そういえば、そんなものもあったかもしれない。あまり覚えていないが。

「あれは、とある宗教の道具さ。俺の母親が同じその宗教にのめりこみそうになった時期があって……事あるごとにお祈りをしたり位牌に向かって何か話しかけたりしてたんだ。アレはマジでヤバイって……」

あまりつっこんで訊ねる事ではないと判断して、それ以上は何も聞かないでおいた。

「車が元に戻ったら連絡をするので、連絡先を教えてくれとか言われてさ。思わず、この車を貸してくれた友人の住所を教えたよ。勿論ソイツの名前を教えておいたし」

「えっ⁉ マジで⁉」

「どうしたんだよ、もしかして……自分の住所を教えちゃったのか？」

「……お詫びの品を落ち着いたら送るって言われて……だから住所を教えて欲しいって……」

「おいおい、大丈夫かよ……」

そんな事なら、その時に言って欲しかったと思った。しかし時すでに遅しというものである。

「まぁ問題はないと思うけどさ。今日の事も忘れようぜ、他人に話すにゃ重すぎるし、警察の方からもあまり騒ぎにしないようにみたいな事言われたし」

「そう……だね……」

気味の悪い思いを抱きつつ、僕達は岡山へと戻った。

それから数日後、自分の住むアパートに高級そうなメロンが届く。送り主を見ても誰か分からなかったが、相手の住所を見てピンときた。例の母親からだと。

「本当にお礼が届くなんてなぁ。でも一応、その送り伝票は取っておいたほうがいいぞ。何かあった時に警察に渡せるからな」

切り分けたメロンを食べながらヤマさんが言う。何かあっては困るのだがと思いながら、自分も頂いたメロンを口にする。高級なだけあって、今まで食べたどのメロンよりも美味しかった。

……だが、この時の僕はまだ分かっていなかった。
今回の一件……恐怖はまだ終わりを告げていなかったという事に。

それから一年以上が経過した次の年の八月。
〝それ〟は突然、訪れた――。

二〇〇一年八月八日

あの一件から一年以上経過した夏休み。

毎年のようにさっさと岡山に帰ってきた僕は倉敷駅へとやってきていた。

ここに来たのにも理由がある。夏休みに入る前、事前に大学の友人達と遊ぶ事になっていたからだ。

自分を含めて男三人、女三人。参加女性に至っては同じ大学に通う生徒だが顔も知らない間柄。

いわゆる合コンというやつである。

万が一にも遅れる事があってはいけないと、一番最初に待ち合わせ場所へやってきたものの……何だか自分がかなりやる気を見せているみたいで恥ずかしく感じたりしていた。

そんな思いをしていると、残りの男友達二人がやってきて、こんな事を言う。

「あぁ、お待たせ。そんなに今回の飲み会を楽しみにしてくれてたとは嬉しいよ」

「そ、そういうワケじゃないし。女性を待たせないってのがポリシーってか優しさというか……」

「はいはい、なんでもいいよ。もうすぐ女性陣もやってくると思うからさ」

何だか釈然としない気持ちは残ったが、楽しみにしていなかったわけでもないので、これ以上言い返す事はしなかった。

「ごめんごめん、お待たせー」

明るい声がした方向を見ると、女性三人がこちらに向かってやってきていた。

一人は今回の合コン発起人であるマツモッフィーこと松本の友人である村尾さん。

そして残り二人の女性が村尾さんの友人である玉井さんと渡邊さん。

村尾さんは笑顔の可愛い明るい人で、玉井さんは高校生とよく間違えられるというのも頷けるほど小柄な女性。そして渡邊さんは背も高く、綺麗な人だった。

「相手を目の前にしたら、俄然テンションが上がってきたなっ！」

マツモッフィーが自分の横腹を叩きながら小声で言ってきた。

「あ、うん。まぁ……ゆー君はどう？」

隣にいた友人ゆー君を見ると、既に緊張しているのか小刻みに身体が震えていた。終いには「そ、そういえば今日の『あいのり』を録画するの忘れてたから帰る！」など言い始めるので二人で羽交い絞めにして無理やり引きずっていく。

「アルコール入れれば緊張もほぐれる。自分から出会いを捨てるような真似しちゃダメだ！」

いい事を言う、マツモッフィー。文字にして居酒屋のトイレにでも飾っておきたい言葉だ。

「それでは、レッツゴー！」

「「おーっ!!」」

僕達は駅を離れ、一路居酒屋へと向かうのだった。


「「乾杯っ!!」」

カシャンとグラスをぶつけた後、みんなでお酒を口にする。

正直僕はお酒が美味しいなどと思った事は一度として無く、あくまで場の空気を察して注文するという感じだ。

「全員、彼氏とかいないの？　皆可愛いのに意外だなー」

マツモッフィーは場馴れしているのか、最初っからエンジン全開。うまく女性陣を和ませているようだった。

「私は高校時代から付き合ってた彼氏と最近別れてね。やっぱ遠距離恋愛ってのはダメだね。今は恋に飢えてるよー」

結構なハイピッチでジョッキを空けながら村尾さんがわざとらしい溜め息をもらす。

「玉井っちは、見ての通りオクテだからね。まだ男性と付き合った事がないの」

「ちょっ……いきなりそんな事バラさなくてもいいでしょっ」

顔を真っ赤にしながら玉井さんが村尾さんをポカポカと殴りつける。

そして自分の正面に座る渡邊さんは……。

「…………」

出会ってから一度として言葉を発する事もなく、ただ黙々とお酒を飲んでいる。みんなの話を聞いているのかどうかも微妙な程だ。

「渡邊さんは？　好きな芸能人とか理想の彼氏とかっている？」

マツモッフィーが問いかけても彼女は
「……特に興味ないから」

「……あ、そうなんだ……」

そんな事を言って場の空気をクールダウンさせてくれる。

それから三時間くらい経過しただろうか。

村尾さんと玉井さんは二人揃ってトイレに向かい、渡邊さんに至っては飲み過ぎたのかテーブルに突っ伏す形で眠っていた。

僕らもこの隙に耳打ちでミーティングを行う。

「これからどうする？　っていうか、どうしたい？」

マツモッフィーが訊ねてくる。意外にも率先して意見を出したのは、ゆー君。

「カラオケに行きたい」

「好きだよなカラオケ。でも確かに、やっと会話が盛り上がってきた所だし、このまま引き下がれないよなぁ」

二人は意気揚々としていたが、僕に至っては少しテンションが下がっていた。

「悪いけど、僕はカラオケ苦手だからパスしとくよ」

「なんでだよ、歌うまいんだから歌えばいいだろ？」

「人前で歌うのが恥ずかしいんだよ。それに彼女どうすんだって話でもあるし」

目線を渡邊さんに向ける。むしろ盛り上がってきたのは彼女が酔いつぶれた後からだと言ってもいい。

「綺麗な子だけど、合コンには不向きだよな。確かにこのまま店に置いておくわけにもいかないし……」

するとマツモッフィーがとんでもない提案を出す。

「よし、んじゃトシが彼女を家まで送ってあげなさい」

「えぇえええぇっっ？！！」

「なんでそうなるんだよ!?」

「カラオケ参加しないんだろ？　それに考えてみろ、ゆー君と玉井さんは結構いいカンジになってきている」

……まぁ確かに……って、それとこれと何の関係があるのか。

「ゆー君に初めての彼女ができるかもしれないんだ。この機会を見逃せない」

玉井さん同様に童顔でオクテなゆー君はアイドルが好きでリアル恋愛から遠ざかっている傾向があった。そんな彼に彼女ができるかも知れないのは友人として嬉しい事でもある。

「……分かったよ。でも彼女の家ってどこにあるんだ？」

「そんな事知らないっつの」

「村尾さんとか知らないのかな」

「直接渡邊さんに聞けばいい話だろう？　トシ、お前の今回最大の任務は村尾達が戻ってくるまでに彼女と共に店を出る事だ」

「なんでだよっ!!」

「渡邊さんが帰るとなれば、二人も一緒に帰ると言い出しかねない。だが既にトシと帰ったよとなれば合コンは続行される！」

「めちゃくちゃだ！」

「ゆー君の幸せを願えないっていうのか……？」

耳打ちで、ゆー君に聞こえないように囁くマッモッフィー。くそぅ……仕方あるまい。

「……分かった。渡邊さんを送り届けるよ」

「さすがだトシ！　今回の戦果報告は必ず教えるからな！」

「ゆー君、頑張れよ」

僕の言葉に、ゆー君は小声で「頑張る」と答えた。

渡邊さんを背負い、一路駅へと向かう。

何度か声をかけてみるが、まるで反応が無い。熟睡しているようだ。

（参ったな、とりあえずアパートに連れて帰って目覚めるのを待つしかないか……）

眠っている女性を部屋に連れ込むなど、何だか物凄い悪い事をしている気がしたが仕方ない。緊急事態なのである。

電車切符を二枚購入し、一路アパートのある場所まで向かう。

いくら女性とはいえずっと背負っているとかなりキツく、部屋へ到着した頃にはヘトヘトになっていた。

（とりあえずベッドに寝かせるか……）

体をぶつけないように慎重に渡邊さんを寝かせ、僕は一息ついた。

「目覚めてビックリされたらどうしようか……」

床でザコ寝しながら、そんな事を考える。余程疲れていたせいか、それとも慣れないお酒を飲んだせいか、すぐに睡魔がやってきた。

「ふわぁぁあ……ぁふ」

遠のく意識の中、どこかでカリカリとよく分からない物音だけが聞こえていた。


「――――ん………」

ふと目覚めると、まだ辺りは真っ暗だった。

付けっぱなしにしていた腕時計を確認すると、深夜三時。おかしな時間に目覚めたものである。

寝なおそうかと思った時、ふとベッドに寝かせていた渡邊さんの事が気になった。

ゆっくりと上半身を起こし、ベッドに目線を向ける。すると――

――いない。

渡邊さんの姿が、忽然と消えていたのである。

(あれ……？　どこへ……トイレかな？)

玄関廊下への扉は開けっ放しだったので、立ち上がって確認する。電気はついていない。もしかして、目覚めた後に見知らぬ部屋、更には知りあったばかりの男が床で寝ているのを見つけて怖くなって逃げたのでは？

そう思ったが、玄関には僕が脱がせた渡邊さんの靴が置かれていた。

（じゃあ、一体どこへ……）

電気をつけないまま、廊下へと向かった。一応トイレを確認してみる。……いない。

となれば、後は……

僕はゆっくりと、風呂場の扉を開けてみた。

脱衣場は一畳ほどしかなく、さらに何故か扉が存在しない。

暗闇の中、ぼんやりと鏡にうつる自分の顔を見て少しビビる。背後に誰かいたらどうしよう、などと考えてしまったからだ。

恐る恐る浴室の扉を開けてみる。すると――。

……渡邊さんが、いた。

狭く真っ暗な風呂場で、風呂桶に腰かけてガリガリと親指を噛みながら俯いている彼女……。

ごくりと生唾を飲み込み、意を決して訊ねてみた。

「…………なに、してるの？」

彼女は僕のほうを見ないまま、呟くように答えた。

「…………別に……ここにいると、何だか落ち着くんです……」

「……そ、そう……」

沈黙すると、彼女の爪を噛む音が耳に届く。

ガリガリガリガリ。

とりあえず事の説明をしておいたほうがいいかなと思い、続けて話しかけた。

「眠っていて起きなかったから、自分の部屋に連れてきたんだけど……驚いたでしょう？ごめんね」

「…………いえ」

「今日は遅いし、休んだほうがいいよ。俺が気になるようなら出ていくけど……」

とはいえ、最近やっとコンビニができたほどの田舎町である。今のようにネットカフェもないので、今の時間に外へ出てどこで時間を潰すかなど分からない。

「……いいです。あなたの家なんですから、あなたはいてください。私は気にしませんから」

「…………あ、うん。じゃあ俺は寝るけど……飲み物とか冷蔵庫にあるから。好きに飲んで。何かあれば起こしてくれていいから」

「…………………………」

いつまでそこにいるつもりか、そもそも何をしているのか聞きたかったが聞けなかった。

再び床へ寝転がる僕。しばらく起きていたのだが、目覚めている間中、彼女が部屋へ戻ってくる事はなかった――。


――朝。目覚めると渡邊さんの姿は消えていた。

靴は無くなっていたし、玄関の鍵も開いたままになっている。帰ったのだろう。

(……変なコだったな)

硬い床で寝たせいか、体の節々が痛い。起き上がり、思い切り伸びをしていると……ある物に気付いた。

それはテーブルの上に置かれた紙だった。

電話機の横に置いていたメモ帳を使ったのだろう。半分に折られた紙を広げ、中を確認する。

『昨夜はお世話になりました。ありがとうございました。

このお礼は必ずさせてもらいます。

〇七〇-×××-××××

渡邊　裕美』

わざわざお礼を書くなんて律儀だなと思った。そして携帯電話を持っていたんだな、と。

「おっとヤバい、今日は朝イチから講義あるんだった」

気を取り直して支度を始める。シャワーを浴びようと服を脱ぎ、浴室の扉を開けてぎょっとした。

「………何だ、これ……」

目に止まったのは、排水溝。そこにビッシリと、長い髪の毛が詰まっているではないか。

(渡邊さんの髪……だよな？　いっちゃ悪いけど、気持ち悪いな……)

夜中、浴槽に腰をかけて自分の爪を噛み続ける彼女の姿を思い出し、ぶるりと背筋が震えた。

二〇〇一年八月九日

「夜中に風呂場へ……？　何だよそれ、気味悪いな」

夏期特別講義を一緒に受けているマツモッフィーが、昨夜の話を聞いて呟く。

「……で？　渡邊さんに連絡入れてみたわけ？」

「さっきの事だし、連絡なんて入れてないよ。入れるつもりもないし」

「何だよ、つまんないな。確かに変わった子ではあるけど、見た目は悪くないんだからさ。もったいないだろ」

確かに綺麗な人ではあった。しかし僕はどうしても、夜中に真っ暗な浴槽に座りこみ、爪を噛んでいる姿が忘れられなかった。あんなものを見た後で、まだ付き合いたいと思うほど広い心も卓越した感性も持ち合わせていない。

「それよりも、そっちはどうだったのさ。特に、ゆー君は進展あったの？」

「あー……それがさぁ……」

溜め息をつく辺り、満足のいく結果にならなかったのは予想ができた。

「カラオケに行くまではよかったんだけどさ、二人ともトイレから戻ってきたかと思いきや突然『用事ができたから帰る』なんて言いだしてさ」

「用事？　何の？」

「知らないっつの、そんなの。でもよっぽどの事なのかなと思ったよ、二人共顔面真っ青になっててさ。なんつーか、まるで……凄い怖い体験でもしたかのような感じだったな」

「怖い体験……」

まさに昨夜、自分が受けた事である。

とはいえ、あれだけ僕が気を利かせたにも拘わらず成功しないとは。情けないヤツらだ。


――夕方。講義を終えた自分とマツモッフィーは帰宅のために駐車場へやってきた。

原付の鍵を取り出した時、ポケットからアパートの鍵がこぼれ落ちてしまう。それを拾い、手渡してくれるマツモッフィー。

「ん？　アパートの鍵に人形付けてなかったっけ？」

「あぁ、そうそう。ヤマさんから貰った人形ね」

一センチ程の小さな御当地ストラップ人形を僕は鍵につけていた。万が一、外に落とした時に特徴が分かるようにである。

「失くしちゃったのか？　ヤマさん悲しむぞー」

「失くしたって事になるのかな……家を出ようとした時に、その鍵が見つからなくてさ。間違いなく玄関傍にある靴箱の上に置いたはずなんだけど……だからスペアキーを持ってきたんだよ」

「失くしたなら、早いとこ二本目を作っておいたほうがいいぞ」

「うん、そだね。今日もう一度部屋の中を探して見つからなかったら鍵屋に行く」

「おう。……おっと、十七時過ぎてんぞ。早くしないと特売コロッケが売り切れちまう」


なんとか目的のコロッケを購入し、自分はアパートへと戻ってきた。

扉に鍵を差し込み、回す。だが開かない。

何故だろうと思い、もう一度鍵を回すと扉は開いた。どうやら最初から鍵がかかっていなかったようである。

「おっかしいな。確かに今朝、鍵をかけて出たはずなんだけど」

玄関へと入り、目線を靴箱に向ける。するとそこには――人形のついた鍵があった。

いつもの場所に、さも当然のように。

「……あれ？　何だよ、今朝見つからなかったくせに今頃見つかるなんて」

だがこれでスペアキーを作る事もなくなった。無駄な出費をおさえられたのだからＯＫとしよう。

「ただーいまっと。さて、メシメシっ」

一人暮らしをしていると、何かと独り言を呟くようになる。自分では感じないが、心の奥底で寂しいという気持ちがあるのだろうか。それを紛らわすために独り言を言ってしまうのか。よく分からない。

購入したコロッケは、まだ温かい。冷蔵庫の中で保管しておいた冷や飯を茶碗に移し、電子レンジへぶちこむ。

五個あるコロッケの内、一つを手づかみで食べながらテレビのリモコンを探す。そんな時、

――――ピンポーン……。

不意に、自分の部屋の呼び鈴が鳴り響いた。

もしかしてマツモッフィーか？　それとも、ゆー君でも来たのだろうかと思いつつ覗き穴に顔を近付ける。

だが、そんな僕の予想は外れた。部屋の外にいた人物、それは――。

「――――渡邊さん……？」

一瞬、扉を開けるべきか悩んでしまう。玄関外にいる渡邊さんは、じっとこちらを覗いているようにも感じた。

再び呼び鈴が鳴らされる。仕方ない、そう思った自分は扉を開けた。

ピンポーン……。

「……あれ、渡邊さん。どうしたの？」

白々しく、そんな事を言ってみる。すると渡邊さんは、じっとこちらを見ながら囁くように告げた。

「……すみません。忘れ物をしてしまったみたいで取りにきました」

「あ、そうなんだ。何？　何を落としたの？　探して持ってくるよ」

「いえ、あまり人に触れられたくない物なので。よかったら探させてもらっていいですか」

「あ……うん、構わないけど」

そう言うと渡邊さんは部屋に入ってきた。昨夜と全く変わらない恰好、そして手には大きなデパートの紙袋を持っている。

渡邊さんは床に這いつくばると、じっとベッドの下を眺めたり手を伸ばしたりしていた。手伝おうか、と言っても何も答えてくれない。だから僕は、黙って彼女の様子を窺うほかなかった。

一、二分経過しただろうか。電子レンジに入れていた冷や飯が温め終了の合図を出す。
するると渡邊さんは突然立ち上がり、じっと何かを見つめ続けた。

……それはテーブルに置かれた僕のＰＨＳ。

彼女が言わんとしている事に気付き、僕は焦った感じで口にした。

「あ、手紙ありがとね。連絡しようと思ったんだけど講義が忙しくて、さっき帰ったばかりなんだ。講義室って電話の電源切らないといけないしさ」

まくしたてるように告げる。すると渡邊さんは僕のＰＨＳを手に取り、ボタンを押し始めた。

するとどこかからピリリリという アラーム音が聞こえた。渡邊さんの携帯が鳴っているのである。

「あ、番号入れてくれたんだ。ありがとう」

必死に笑顔をつくりながら、お礼を告げる僕。すると再び渡邊さんの指が動きだす。

「……すみません、メールアドレスをメモに書くの忘れていました。本当にすみません」

登録を終えた渡邊さんは、ＰＨＳを元のテーブル上に戻して、フラリと玄関へ向かう。

一瞬、開けっ放しになっている浴槽の様子を窺いながら……。

「忘れ物も、見つかったんだよね？　わざわざメールアドレス登録してくれてありがとう。

あんまり慣れてなくてさ、助かったよ」

またも、まくしたてるように言う僕。早く帰って欲しいという思いが気を逸らせていた。

だが不思議にも思った。忘れ物を取りに来たはずなのに、それを発見した様子がないのだ。

もしかしたら初めから、電話を鳴らしてくれない自分の様子を窺いにきたのかも、と勘繰ってしまう。

「……食事中に失礼しました」

ぼそりと言い、渡邊さんは部屋から出ていった。

しばらくの間、僕は玄関から動けないでいた。そして渡邊さんから感じる不気味な雰囲気の理由が一つ分かった気がした。

彼女は——まばたきをしない。

こちらを見ている時など、大きな目でじっと見つめ続けてくるのだ。

そして一切の表情をつくらない。まるで能面のような無表情。せっかくの綺麗な顔立ちも台無しのように感じる。

「……参ったな……」

ぼそりと独り言を言った時、突然PHSから着信音である『君をのせて（天空の城ラピュタ）』が鳴り響いた。

（ちなみに、この頃の携帯は着信音ダウンロードなどなかったので、全て自分で手作業で着信音を作っていた）

メール受信者を見てみると、そこには『渡邊』という名前が出ていた。先ほど本人が入れたものだろう。

メールを開いてみると、制限字数ビッシリに文字が並んでいた。

〈キョウハホントウニアリガトウホントウニダイジナモノダッタカラミツカッテヨカッタレンラクガナイカラナニカアッタンジャナイカトシンパイシタトシサンハイイヒトモットトシサンノコトヲシリタイトオモッテマスダカラワタシノコトモシッテホシイモットモットト〉

句読点が使われておらず、非常に読みにくいメール。当時は絵文字など主流でなかったし、メールも半角で一二八文字程度しか打てないという事情もあった。

それにしても——。

（さっき別れて、もうこんなメールを送ってくるなんて……）

さらに、

——♪♪〜♪♪〜♪〜♪〜

再び流れるメール着信音。また渡邊さんからだ。

〈ナンデデンワクレナカッタノワタシハズットマッテイタノニシンパイデシンパイデタマラナカッタナニカリユウガアルノイソガシカッタトイウノハホントウナノデモユルシテアゲルコウシテメールノ　ヤリトリモデキルンダシコレカラハイツデモイッショニ〉

——♪♪〜♪♪〜♪〜♪〜

〈デモワタシヲオコラセナイホウガイイワタシハカットナルトジブンデモナニヲシテルノカワカラナクナルシデモトシハヤサシイカラソンナコトシナイヨネイマハナニシテルノオシエテヨナンデレンラクヲクレ　ナイノナンデオシエテヨナンデダマッテルノネエドウ〉

――ガンッッ！！！

「――ッッ？！！」

突然、物凄い音が聞こえた。玄関のほうから……。

（扉を……誰かに蹴られたような……）

気になって、覗き穴から外の様子を窺ってみる。しかし何も見えなかった。

二〇〇一年八月一一日

部屋にマツモッフィーとゆー君を招き入れ、僕は話を聞いてもらう事にした。

「相談事ってのは、あれだろう？　例の渡邊さんの件だろう？」

事情をよく知っているマツモッフィー、ゆー君にも一応、事の顛末《てんまつ》を教えておいた。

「あれからというもの、メールがすごい届くようになってきて……」

「どんな内容か、見せてもらっていい？」

ゆー君の言葉に頷き、ＰＨＳを渡す。その瞬間、二人の顔つきが変わった。

「一日で何通メール来てるんだよ……おわっ!?」

そんな話をしている最中でも、メール着信が鳴り響く。自分はすぐにＰＨＳを奪い電源を切る。

「五分から十分おきくらいにメールが届くよ……内容は説明した通り支離滅裂でさ……」

「一度でも返事した事あるのか？」

「ないよ。当然だろう？　こんな不気味な事されて、何話せっていうんだよ。やめてくれって言って聞くような感じじゃないし……」

「着信拒否をすれば、渡邊さんからのメールは届かなくなるはずだよ」

「マジか、ゆー君!?　そんな事できるの!?」

「うん、多分ね。でも凄いよね、これってアレでしょ？　最近よく聞く、ストーカーってやつじゃないの？」

「マジでそんな事する女性がいるんだなぁ……そんだけ愛されてるって事かもしんないけど、全然うらやましくないな」

「メールは、その着信拒否ってのをすればいいとして……もし相手がまた家にやってきたりしたら、どうしようか……」

「いつまでも居留守使うわけにもいかないし……ここはハッキリと言っておくべきじゃないか？　付きまとうなってさ」

「話をするにしても二人きりはやめておいたほうがいいかもね。第三者がいれば、渡邊さんだって無茶な事はできないと思うし」

「そう……だよね。話し合いかぁ……ちなみに二人は、その第三者ってのになってくれる？」

「「断ります」」

「……くそぅ……友達が困ってるってのに……仕方ない、ヤマさんにでも頼むかなぁ……」

電話でヤマさんに頼むと、あっさりＯＫをしてくれた。

しかし今は忙しくて時間が取れないので、落ち着いたらまた連絡をするという事になった。

「ヤマさんなら大丈夫だな。これで一安心だ」

「それにしても、渡邊さんって昔からあんな感じだったのかな？　男性と付き合った事とかあるのかな？」

「ないんじゃないか？　だからこんな真似できるんだろ」

「いや、わかんないよ？　過去の恋愛でひどい目にあって、臆病になっている余り、こんな事をしているのかも」

「付き合った事もないゆー君が、恋愛や女性心理を語るのも不思議な話だがなぁ……」

とりあえず話し合いは、そこで終了した。夕方まで三人でゲームなどして時間を潰し、ゆー君は「観たいテレビがあるから」マツモッフィーは「久しぶりに部屋の掃除をしようと思うんで」と言って帰っていった。

「んじゃ僕も、夕飯の買い出しに行こうかな……」

財布を掴み、アパートのすぐ傍にあるスーパー『ユ○タウン』へ向かう。

普通に買い出しをして、普通に家へ帰るつもりだった。なのに僕はこの後、予想だにしなかった恐怖体験をする事となる……。


カゴを持ち、惣菜コーナーをうろつく。

(やきとりもいいけど、からあげも美味しそうだ。これは迷う所だな……)

結局からあげを購入して、今度はドリンクコーナーへ。

(最近皆、野菜ジュースを飲んでるとか言ってたっけ。野菜をとらなきゃいけないのは分かるけど、ジュースかぁ……)

色々とくだらない事で悩みながら歩いていると、

——ドサドサッッ!!

突然奇妙な音がして、持っていたカゴがガンッと重くなる。

何だ!? と思いながら目線を下に向ける。すると、先ほどまでからあげしか入っていなかったカゴの中に、大量の品物が入っているではないか。

歯ブラシ、洗顔料、コップに枕カバー、生理用品まで入っている。

(な、何だこれっ!?)

気配を感じ、僕は背後を振り向いた。

そこにいたのは……渡邊さんだった。

いつものように瞬きをせず、じっとこちらを見つめている。そして、ゆっくりと……口の端を吊り上げてみせたのだ。

それを見た瞬間、背筋が震えあがり言葉が出なかった。

彼女の笑みというのを初めてみたが、一言で言うなら不気味……だった。

「わ、渡邊……さん……！」

震える声で、なんとか相手の名前を告げる。

彼女は何かをブツブツと呟きながら、指先をそっと口元へ持っていく。

「——は、いいの……だって私達は……気持ちは繋がっているんだって……とは違う……あなたは絶対に……」

言っている意味は、さっぱり分からない。理解しようとも思わない。

カゴを置きっぱなしにして、僕はそのまま逃げた。追いかけられはしなかったが、相手は自分の住む所を知っているのだ。安心はできない。

駆けている間中、幻聴が聞こえた。

ガリガリ、ガリガリと渡邊さんの、爪を噛む音が……。

アパートに戻り、急いで鍵をかける。すると——。

――♪♪♪〜♪♪〜♪〜♪〜


突然、何かが聞こえた。あまりにビックリして、声が出そうになる。

一体何の音かと思ったが、すぐにPHSの着信音だと分かった。

相手は見ずとも分かっている、渡邊さんだ……。

僕はPHSを手にすると、受信メールBOXを開いた。

慣れていないせいか、カーソルが一番古い履歴へと変わる。そこにはこんな内容が書かれていた。


〈ドウシテヘンジヲクレナインデスカワタシハナンドモナンドモコウシテレンラクヲシテイルトイウノニドウシテワタシガワルイノナラアヤマリマスゴメンナサイユルシテクダサイドウシタラユルシテクレルノデスカダカラユルシテソバニイタイワタシタチハキットゼンセカラム〉

相変わらず意味の分からない文章。そして今日……つい先ほど送られてきたメールの内容を確認する。そこには、こう書かれていた。

〈テヤルコロシテヤルコロシテヤルコロシテヤルコロシテヤルシアワセニナンカサセナイコロシテヤルコロシテヤルコロシテヤルコロシテヤルコロシテヤルコロシテヤルゼッタイニゼッタイニコロシテヤルコロシテヤルコロシテヤルコロシテヤルコロシテヤルコロシテヤルコロシテヤ〉

……テヤル、コ……？

初めて見た時は意味が分からなかった。何かの呪文かと思った。だけど読んでいく内に内容が頭に入ってくる。

コロシテヤルコロシテヤル————殺してやる。

「————なっ……？！」

恐怖のあまり、ＰＨＳを放り投げた。次の瞬間——。

————ガンッ！　ガンガンッ‼

玄関扉から物凄い音が聞こえた。いつか聞いた、まるで誰かが扉を蹴飛ばしているかのような音……！

――ガンッ！　ガンガンッッ‼

音は鳴り響き続ける。外は既に暗い。こんな騒音を出していれば、普段なら近隣の住人が文句を言ってくる所だが――。

今は夏休みの真っ盛り、このアパートに残っている住人など、ほとんどいやしない。

「何なんだよ……！　何なんだよッッ‼」

続けて聞こえて来たのは、玄関扉に設置されている投函口。そこをガチャガチャ開けたり閉めたりする音……！

この扉をどうにかして開けようと試みているのだろう。警察を呼ぼうかと思ったが、自宅電話の回線を外していた事に気付き舌打ちする。

メールが届くようになった頃から、無言電話が相次いでいたのである。もしかして渡邊さんかと思った僕は怖くなって回線を外していた。

もし回線を繋いだ時、渡邊さんから電話があったら……そう思うと、なかなか行動に踏み込めない。

しばらくは耳を塞いでやり過ごした。すると五分程して物音は聞こえなくなった。

（……消えた……のか……？）

恐る恐る玄関扉に近づき、覗き穴の先を見てみる。そこに見えたものとは――。

「————ッッ！！！」

向こう側から、じっとこちらを覗く渡邊さんの姿……！

混乱する自分の脳裏に、再び「ガリガリ、ガリガリ」という例の音が聞こえてきた——。

その後、僕は一時間以上その場から動けないでいた。

覗き穴を見れば、まだ彼女がいるのではないかという恐怖感で一杯になっていたのだ。

そんな中、

——ピンポーン……。

玄関のチャイムが鳴った。渡邊さんか⁉ と警戒を強くしてみせるが、すぐに外から聞きなれた声がした。

「トシー、いないのか？ 山本だけどー」

（ヤマさん⁉）

急いで玄関を開けると、そこには確かにヤマさんの姿。急いで部屋の中へ招き入れると、噛みつくような勢いで訊ねた。

「外に！　女性の姿見えなかった!?　髪が長くて、背の高い人！」

「いや？　そんな人見なかったけど……」

「そ……そっか……」

「どうした？　顔真っ青だし汗までかいて……何かあったのか？」

「いや……うん、ちょっとね……」

額の汗を拭いながらリビングへ。床には先ほど放り投げたＰＨＳが転がっていた。

それを拾い上げようとした瞬間、ふとある疑念が浮かんだ。

（……そういえば……なんでＰＨＳの電源がつきっぱなしになっていたんだ……？　自分は渡邊さんの事があるから、ずっと電源をオフにしていたはずなのに……）

もしかして――玄関を睨みつけながら、自分はとんでもなく恐ろしい想像をしてしまう。

（忘れ物を取りに来たという渡邊さん……あの時消えていた玄関の鍵……そして電源がついていたＰＨＳ……もしかして……もしかして――渡邊さんは……この部屋の合い鍵を……作った――!?）

ヤマさんに相談をしてみた。スーパーで起こった事、扉を叩き続けられた事、メールの内容、全部……。

真剣に聞いていたヤマさんは突然立ち上がり、玄関扉を調べ始める。

「……確かに蹴られたような跡があるな。これは警察に連絡したほうがいいんじゃないか？」

「う、うん……」

ヤマさんは持っていた携帯を渡してくれた。一一〇をプッシュし、警察に事の顛末を説明する。

『実際に何か被害を受けられたわけではないんですよね？ 物を盗《と》られたとか傷付けられたとか。現段階で警察が動く事はできません。相手の女性とよく話し合って、解決してください』

冷ややかな対応。無理もない、この頃はまだストーカー法など制定されておらず、こんな事を話しても男女関係のもつれぐらいにしか思ってくれなかった。

『まぁ何かありましたら向かいますんで』

あまりにも適当な対応に苛立ちつつ、しかし心のどこかでは「やっぱりな」という気持ちもあった。

「どうする？ しばらく俺のアパートに身を隠すか？」

そんな優しい言葉をかけてくれるヤマさん。だが丁重にお断りした。

そこまで迷惑かけられないというのもあったし、何より逃げているだけでは解決しないだろうと考えたのだ。

「とにかく、その渡邊って女が異常なのは確かだ。相手の事を何も知らないでおくのは不利かもしれないな」

「と、いうと……？」

「なんでトシが付け狙われないといけないのか。相手は誰でもいいのか。過去に何があったのか。その辺を分かっていれば話し合いをしやすいと思うんだ」

「……なるほど」

「とりあえず、マツモッフィーをここに呼ぼう。あいつの女友達の友達なんだろ？　何か知ってると思うぞ」

「そ、そだね。うん、呼んでみる」

僕は再びヤマさんの携帯を借りて、マツモッフィーに連絡する。

聞きたい事があるから来れないかというと、二つ返事で「分かった、すぐに向かう」と言ってくれた。

渡邊さんの素性……この時は簡単に分かる事だと思っていた。

しかし……事態は更におかしな方向へと進んでいくのである――。

二〇〇一年八月一二日

　マツモッフィーを迎え、僕達三人は渡邊さんについて話し合う事となった。事の深刻さをやっと理解したのか、マツモッフィーも真剣な面持ちである。自分がひらいた合コンで今回の出来事が起こってしまったという後ろめたさもあるのかもしれない。

「もしかしたら……彼女が忘れ物をしたと言って部屋に入れた時、鍵を盗まれていたのかもしれないんだ……」

「夏期講習での一件だよな？　でもまさか……そこまで……」

「いや、分からんぞ。普通の思考を持つ相手じゃないかもしれないんだ」

「……でもさ、もし鍵を盗んで合い鍵を作られていたとしたら、玄関扉を蹴飛ばしたりなんかしないんじゃないの？　普通に鍵開けられるだろ」

「――――あっ！」

　そうか、と思った。確かにマツモッフィーの言う通りだ。ならば渡邊さんがスペアキーを所有しているという線は、なくなる事に……。

「だから言ってるだろ、普通の相手じゃないんだって。トシに恐怖感を与えるため、あえてそんな行動に出たのかもしれん」

「…………」

ヤマさんの言う事も確かに頷ける。実際、自分が受けた恐怖は半端ではなかった。

「大家に頼んで、鍵は早急に変えてもらったほうがいい」

「ここの大家って、そういう事は一切してくれないんだ……トイレが詰まったとかエアコンがきかなくなったとか、当初は大家さんに連絡してたんだけど全然頼りにならなくてさ。自分でなんとかしてくださいの一点張りだよ……」

「どいつもこいつも、ふざけんなよ……」

「とりあえず渡邊って女について、マツモッフィーは何も知らないんだろ？」

「合コンで初めて会ったのは、トシと一緒だからね……詳しい事は何一つ知らない」

「じゃあ知ってるヤツから聞くしかないな。マツモッフィーの知り合いの女性、その人から聞き出そう」

ヤマさんの提案に頷き、マツモッフィーは村尾さんに電話をかけてみる事にした。

音量が大きいせいか、傍にいる自分やヤマさんにも村尾さんの声が届く。

『もしもし～、どしたの突然』

会った当初と変わらない口調で村尾さんが電話に出た。

「悪いな突然、こんな夜中に。ちょっと聞きたい事あるんだけどさ……」

『ふんふん、なになに？』

「お前の友達の、渡邊って子についてなんだけど……」

『────────！』

一瞬の間があった後、村尾さんが再び話しだす。

『…………何も知らない』

明らかに先ほどとは声のトーンが変わっている。マツモッフィーは「どうしても渡邊さんの事について知りたいんだ、教えてくれ」と頼むが……。

『知らないって言ってるでしょッ！　いい加減にしてッ‼』

ついに怒鳴られてしまう。

それを聞いていたヤマさんが、マツモッフィーに向かって「代わってくれ」と呟く。

「もしもし、初めまして。俺は松本の友人で山本って者だけど」

『…………』

「どうか渡邊って人の事を教えて欲しい。飲み会の席で一緒にいたトシって奴の事を覚えてるか？　そいつが今、貴女の友人である渡邊さんに付け狙われている。困っているんだ」

『…………』

「俺の大事な友人に何かあったりなどして欲しくない。だから貴女にも協力してほしいんだ、頼む」

　ヤマさんの言葉に、落ち着きを取り戻した村尾さんはポツリポツリと言葉を口にする。

『……ごめんなさい、できません……』

「なんでだ？　その理由を教えてくれ！」

『……私、何も知らないんです……その渡邊さんって人の事を……』

「……？　どういう事だ？」

『当初、飲み会に行くのは私と玉井、そして泉ってコでした……松本君達との待ち合わせ前に、私達だけで別の待ち合わせ場所を決めておいたんです。私達も合コンなんて初めてで緊張してたし、皆揃って行こうねって……』

　そして当日の待ち合わせ時間、泉の代わりにやってきたのが渡邊さんだったという。

『彼女は泉の友人だと名乗りました。そして泉は体調不良で、今日の合コンには来れないって……でも人数があわないと問題があるだろうから、頼まれて代わりにやってきたんだって……』

「……何だと……？　そうなると……」

『……はい。松本君達と同じで、私や玉井も渡邊さんに出会ったのは、あの日が初めてだったんです……』

マツモッフィーが慌てた様子でヤマさんから携帯を奪う。

「ど、どういう事だよそれ⁉　でも泉って子とは友達で間違いないんだろ？　だったら泉って子から直接渡邊の事を聞く！　連絡先を——」

『……松本君、覚えてる？　二次会でカラオケ行った時の事……私達、突然もう帰るって言いだして、不思議に思わなかった……？』

「え……？　いや、それは……少しは思ったけど……でもなんで突然、今そんな……」

『化粧直しをしている時にね、電話がかかってきたの……泉本人から……すごい怯えた様子で……。私は聞いたの、体調崩してるって聞いたけど大丈夫？　って……そしたら泉は言ったの……。

【その場に背の高い女はいる⁉　急いでそこから逃げてッ‼】

何の事だかよく分からなかった。でも背の高い女性っていうのが渡邊さんって事だけは理解できた。だから訊ねてみたの。落ち着いて、何があったのって……そしたら——。

【私、村尾達よりも先に待ち合わせ場所に来てたの！　そしたら突然、その女が声かけてきて！　皆が待ってるからって！　ついてこいって！　私は何の疑問ももたずについていった！　駅の中にあるトイレだった！　突然後ろから凄い痛みが走って、気が付いたら女子トイレの中で！　両手足と口をガムテープで縛られてて‼】

……早口だったけど、泉の言いたい事はなんとなく分かった……あの渡邊って女が、すごくヤバイ奴って事が……』

「……だから……帰るって言いだしたのか……！」

『……ごめんなさい……ごめんなさい……！』

電話越しに、村尾さんのすすり泣く声が聞こえた。

でも今の僕は、それを気遣ってあげる事もできないほど……混乱していた。

「……とんでもない事になったぞ……」

ボソリと呟くヤマさんに、マツモッフィーが反応する。

「だ、誰なんだよ、あの渡邊って女は！」

「分かんねぇよ！　素性を知っている奴なんていないんだぞ!?　分かるわけないじゃないか！」

いがみあう二人だが、僕は間に入る事も忘れていた。それどころではない気持ちで一杯だった、というのが正しい。

「初めからトシを狙っていたのか……？　そんなバカな……初対面だったんだろ？」

コクリと頷く僕。少しの間、ヤマさんは何かを考えるような素振りをしてみせ、

「……トシ、ちょっとこっちへ来い」

風呂場の方へと呼び出される。

そして告げられた言葉に、僕は再び衝撃を受けた。

「……これは、あくまで俺の予想だ。間違って欲しいと思う予想に過ぎない。だから落ち着いて聞いてほしい……」

「な……なに……？」

「去年の夏に起こった出来事……覚えているよな？」

忘れるはずもない。倒れた女性の姿と最後に病室で告げられた言葉を思い出し、しばらくの間は眠れなかったものだ。

「……俺はまだ顔を見た事ないから分からないが……その渡邊って女……もしかしたら、あの時自殺を行おうとした女じゃないのか……？」

ヤマさんの言葉に絶句してしまう。

渡邊さんが……あの時の女性……？　そんなバカな……！

「年齢はトシと然程《さほど》変わらなかった気がする……何よりトシが誰かに付け狙われるような奴じゃないってのは俺もよく分かっている。可能性があるとすれば——」

「そんなバカなッ!!」

思わず声を荒げてしまう。ブルブルと、体が震えていた。

「初対面だったんだよ!? そんな事……ありえない！」

「……トシ、お前は飛び下りた女の顔を一度でもちゃんと見たか？　発見した時、辺りは真っ暗で、しかもうつ伏せになっていたよな？　病院へ向かった時にも、相手は顔を包帯で巻かれていて分からなかったよな？」

「そ……それは……！」

「トシ、相手はお前の顔を見ている。病室で、ハッキリとだ。じっと睨むように見られたって言ってたよな？『一緒に死ねばよかったのに』みたいな事を言っていたんだよな？」

「う、嘘だ……！　そんな……そんな……!!」

「お前は相手に住所を教えている……一年経った今、復活したあの女がトシを追ってきたのだとしたら……！」

　恐怖のせいだろうか……？　目の前が一瞬、ぐにゃりと歪んだ。

「渡邊って女に、何か気になる点がなかったか？」

「気になる点って……そんな事言われても……」

「あれだけの怪我を負ったんだ、何かしらの後遺症などが残っているかもしれん。例えば歩き方……あとは、そうだな……顔だ。傷跡があるとか――」

「……か……顔……？」

「思い当たるのか⁉」

「渡邊さん……全く表情がないというか……瞬きを全くしないいんだよ。最初は綺麗な人だなと思ってたけど、今はそれが不気味でしか……」

「瞬きをしない……？」

考え込むような姿勢をしてみせるヤマさん。

「整形……という事は考えられないか？　今も言ったように怪我の後遺症のせいとか……」

そんな事を言われれば……そうなのかもしれないと思えてくる。

今までは、あくまでヤマさんの想像だと思っていたが……段々と、その想像も現実味を帯びてきた。

「トシ、相手の親からお詫びの品が送られてきた時の、送り伝票を取っておけって言っておいたよな？」

「う、うん……ヤマさんが言うから捨ててない。どこかにあると思うけど……」

僕達は急ぎ、部屋の中に眠る送り伝票を探す事にした。

三十分ほど三人で探し、やっと見つける事ができた。

「よかった！　やっぱりあった！」

「名前はどうなっている？　やはり渡邊なのか？」

言われて読んでみるが……

「違う。田辺って書かれてある」

ヤマさんに伝票を渡す。それをじっと睨みつけ、ボソリと呟く。

「渡邊と田辺……なんとなく呼び方が似ていないか……？」

「ワタナベ、タナベ……確かにそうかもしれないけど……」

「偽名かもしれん。本名の田辺に近い名前で、渡邊と名乗っているのかも……」

「か、考えすぎじゃないかなヤマさん」

「今、あらゆる事に疑いをかけたほうがいいと言ってんだ。用心に越した事はないだろ？」

「まぁ……そうだけど」

「トシ、明日は予定あるか？」

「いつも通り講義があるけど……」

「よし、それはマツモッフィーに代返してもらえ。そして俺と一緒に車でここの住所に向かうぞ」

「「えぇっ!?」」

僕とマツモッフィーが同時に声をあげる。

「このままジッとして、危害を加えられるのを待っとくのか？　さすがの相手も、親から止められれば言う事を聞かざるをえないだろう」

「でも……まだ渡邊さんが、この田辺って人なのかどうかも定かじゃないのに」

「俺達は探偵じゃないんだ、他に素性の調べようなんかないだろ。マツモッフィー、お前もトシのためにひと肌脱いでやれ」

「わ、分かった」

――こうして、自分とヤマさんは再び恐怖の体験をした場所へと向かう事になった。

「明日の朝に迎えに来てやるからな。準備しとけよ？」

「何か分かったら、こっちにも連絡してくれな？　責任感じているんだからさぁ……」

「うん、了解」

気落ちするマツモッフィーに、僕は分かったよと答える。

「んじゃ、何かあれば連絡してくれ。おやすみ」

「ありがとう、おやすみ」

二人は夜道を去っていく。そして自分はこの時、想像もしていなかった。

この場にいる一人が、まさかあんな危険な目にあってしまう事など……。

見送った後、扉を閉めようとした時――ふと地面に目が行く。

そこには薄汚れてヒビ割れた爪が落ちていた……。

二〇一一年八月一三日

一年前と同じように、僕とヤマさんは徳島県へと向かう事にした。

あの時は半分旅行気分で、カーステレオからBGMでも流しつつ軽口をたたいて笑いあったりしていたが、今は違う。

緊張した面持ちで、会話もほとんどない。ただ黙々と、送り伝票の住所を目指す。

「……これで解決できればいいんだけどね」

僕が囁くと、ヤマさんは無理やり明るい声を出して、こう言った。

「大丈夫だ、なんとかなるって！　万が一ダメだったとしたら、俺が直接渡邊本人に言ってやる。つきまとうなってな」

「……ありがとう」

心の中では、これ以上ヤマさん達に迷惑をかけられないというのがあった。

もう十分に色々な事をしてもらっている。心配もかけている。

直接本人にやめろと言うのは、ヤマさんの役目じゃない。僕が自分で言わなければいけない事……そう思っていた。

一度もインターに寄らなかった事もあり、前に来た時よりも早めに徳島へ到着する。

近所のコンビニで地図と飲み物、そして簡単な食料を購入し、送り伝票を見つつ目的地へと向かう。

元々方向音痴な上に地図が読めない僕のナビゲートのせいで、そこに辿り着くまで結構な時間がかかってしまった。

簡素な住宅街、似たような家が並ぶ中で、言っては悪いが一際古くさい家が田辺さん宅のようである。

「表札とかは出されていないけど、ここで間違いないと思う」

「……渡邊の話をトシから聞いているから、先入観でそう思うのか……随分と気味悪い感じのする家だな」

ヤマさんと同じ印象を僕も受けた。植物のツタみたいなもので二階建て住居の半分は覆われている。まるで浸食されているかのようだ。

更に外に置かれていたのであろう鉢もことごとく割られ、ここの家だけ台風でもやってきたのかという感じだった。

車を降りて、玄関へと向かう。

近くまで寄ると、更に禍々しさというか……寒くもないのに鳥肌がたってくる。

「普通カーテンってのは柔らかい色を使うもんだよな……」

中の様子を隠すかのように、窓には全てカーテンが引かれていた。ただヤマさんの言う通り、その色は……黒。真っ黒なのである。

「……とりあえず人がいるかどうかだね」

「気をつけろよ、扉が開いた瞬間に襲われないよう警戒しろ」

「怖い事言わないでほしいな……」

生唾を飲み込みながら呼び鈴を押す。だが何も反応しない。壊れているようだ。

仕方なく玄関扉を軽く叩く。ガシャガシャという音がしたが、誰も出てくる様子がない。

「すみませーん、田辺さん、いらっしゃいませんかー？　すみませーん」

声を出してみるが、やはり反応が無い。留守なのだろうか？

「参ったな……どうしようか」

「近くに住んでいる家の人に聞いてみよう。どこに行ったか知ってるかもしれない」

田辺家の隣に住む家へと足を運ぶ。呼び鈴を鳴らすと、すぐに中年女性が顔を覗かせる。

「なんでしょうか？」

「すみません、お隣の家なんですけど……あれは田辺さん宅で間違いありませんよね？ここの住所の……」

送り伝票を見せながら訊ねてみる。すると女性は眉根を寄せながらボソリと呟く。

「……警察の人？」

警察？　なぜにそんな事を？

「いや、警察ではないんですけど……ちょっと田辺さんに用事があって」

「待っても無駄ですよ。もうじき家の中にある物も全て処分されるんじゃないかしら」

「どういう事ですか？」

年配女性は溜め息をもらしながら、心底迷惑といった感じで話し始めた。

「娘さんが一人いらっしゃったんだけど、色々あってね……奥さん、元々おかしな宗教に熱心だったりしてたんだけど、あの一件があって更に様子がおかしくなっちゃって、行方が分からなくなっているのよ」

「行方が……分からない？」

「警察とかも事情を聞きにやってきたわ。そこでピンときたの。あぁ、あの奥さん死んじゃったんだって」

（病室で会った、あのお母さんが……死んだ……!?）

宗教に絡んでいるという事は、ヤマさんも言っていた事である。ふと目線をヤマさんに向けると、彼は無言のままコクリと頷く。

「それで、あの……残された娘さんは、今どこに……」

「あら？　アンタ達何も知らないの？　てっきり知っているのだと思ったけど……あの子はね、自殺したのよ」

「自殺をしようとしたのは知っています。崖から落ちて、病院に運ばれた事も。一命を取り留めた後、現在どこで何をしているのかと聞いているんですが」

「だから！　言ってるじゃない！　あの子は自殺したのよ！　一度自殺を図って、未遂で終わったのは知ってるわよ！　その後、何か月も入院してた事もね！　その後の事よ、その後！　なんとか一命をとりとめた娘さんは、元気になってからまた自殺を行ったの！　今度は助かる事もなかったそうよ。分かる？　もう……この世にはいないっつってんのよ。奥さんが消えたのはその後よ！」

……何だって……？

二度目の自殺を行って……既にこの世にはいない……？

ならば、あの…………。

渡邊という女は、一体……。

一体、何者なんだ――!?

ヤマさんは中年女性に、その亡くなられた娘の本名は何というのか訊ねてみた。

しかし他者と交流をもたなかった相手なので分からないと答えられた。昔一度だけ聞いた覚えがあるかもしれないが、思い出せない、と。

ただ一度目の自殺を図る際に、家から出てくる娘さんと中年女性は顔を合わせたそうだ。時刻は夕方、青白く沈んだ表情をしていたという。

高身長な上に綺麗な顔立ちをしていた娘だが、俯いてブツブツと独り言を言ってたりするので不気味に思ったらしい。せっかくの美人も台無しだと。

僕とヤマさんは女性にお礼を言って、家から離れた。あまりのショックで混乱していると、ヤマさんが突然とんでもない事を言い出した。

「……トシ、家の中に入ってみるぞ」

ヤマさんは車のトランクを開け、中からゴルフの七番アイアンを取り出す。こんな物まで用意してたなんて……。

「ダメだよヤマさん！　そんな事をしたら捕まってしまうよ！」

「もはや帰ってくる人間もいない家だ。それに俺は今、何が起きているのかサッパリ理解できない……このまま帰った所で、何も分からないままだ」

「それは……そうかもしれないけど……でも……」

「トシ、お前は外を見張っておいてくれ。俺だけ中の様子を窺ってくるから」

そう言って家を回りこむヤマさん。しばらく僕も考え込んだが、すぐに結論は出た。

た……。

「……ヤマさん、僕も行くよ」

そう、これは僕が巻きこまれた問題。ヤマさんだけに頼り切りになるわけにはいかなかった……。

なるべく大きな音をたてないようにと気をつかったつもりだったが、窓ガラスは思いのほか派手な音をたてて割れた。

周囲を警戒しつつ、割れた窓から手をつっこんで器用に窓の鍵を開けるヤマさん。

「よし、開いた。中へ入れるぞトシ」

カーテンを退けて室内へ入る僕とヤマさん。「一応靴は脱いでおいたほうがいい」というので、言う通りにする。

「中は暗いな……何も見えないって訳じゃないが、結構目をこらさなきゃいけないぞ」

黒いカーテンなど引いているから、ほとんど外の光を遮断している室内。宗教がらみというので、もっと得体の知れない感じなのかと思っていたが……。

「案外普通……だね」

リビングらしきこの部屋の第一印象である。ふと感じたのはテレビがないという事。とはいえ、そんな家庭もあるだろう、不思議ではない。

「というか、さっきからこの臭い……何だ？」

鼻をつまみながらヤマさんがいう。確かに……中に入ってからというもの、強烈な匂いが鼻を刺激していた。

少し先へ進むと、すぐに臭いの正体が分かった。

長いテーブルの上に、二人分の食事が用意されていたのである。

大きな皿にはステーキとポテトサラダ、スパゲッティーなどが並んでいる。その隣にはスープらしき物も。

いつから放置されているのか……腐り切った肉は不気味な色と共に腐臭を放っていた。ブンブンと大量のハエがたかっている。

「気分が悪くなりそうだ……早く別の部屋へ行こう」

ヤマさんはさっさとリビングを離れ、浴室のある洗面所へと向かう。

「分かっていた事だけど、やはり田辺は娘と二人暮らしだったみたいだな」

割られた鏡の傍に置かれていたのは二本の歯ブラシ。洗濯機が置かれているので洗剤なども見える。

「向こうの部屋は何だ？」

更に奥へ進むと、そこは小さな和室となっていた。躊躇なく押し入れなどを開けると、女性用の服が並んでいた。派手な色のものはない。

「豪華な仏壇があったりとか、大きな壷があったりなど想像してたんだけど……普通だね」

「だが所々におかしな点がある。見てみろ」

ヤマさんが指さしたのは、和室の端に置かれた三面鏡。

その鏡もまた、洗面所と同様に割られていた。

「ことごとく鏡が割られている。これはどういう事だ？」

「わ、分からないよ」

しばらく和室を物色していたが、特に目立った物は発見できなかった。そしていよいよ……

「問題は……二階だな」

おそらく二階が、娘の部屋だったに違いない。

ヤマさんと自分は警戒しながら階段を上っていく。ギシギシという軋んだ音が、まるで悪霊の呻き声のように聞こえて背筋が震えた。

「二階は一室しかないみたいだな……行くぞ」

コクリと頷く自分。そしてヤマさんが勢いよく扉を開ける！

「――これは……」

先ほどの和室を一回り大きくしたような部屋。バサバサと黒いカーテンが揺れていた。

部屋の角には机、ベッドなども置かれている。

小さな本棚には綺麗に整頓された本が並べられており、やはりテレビなどは存在しない。

女性らしさなど微塵も感じられない、簡素な部屋である。

（普通……だな）

押し入れを開けてみても、やはり服しかない。

「安心半分、拍子抜け半分って感じだよね」

声をかけるが、ヤマさんは本棚や机に並べられた本をペラペラとめくって何も答えない。

さっきからなびいているカーテンを注視してみると、窓ガラスが割れていた。住人が割ったのか、それとも……

「おいトシ、見てみろ」

ヤマさんが手にしていたのは本の中に挟まっていた一枚の写真。そこには〝二人の男女〟らしき者達〟が笑みを浮かべて写っている。

「年齢からして、田辺の娘に間違いないと思う……トシ、渡邊って女と同一人物じゃないか？」

暗い部屋の中で、自分はじっと写真を見ながら、そしてはっきりと答えた。

「……違う。違うよヤマさん。この人は渡邊さんじゃない」

「渡邊じゃないにしても、どこか共通点とかないか？　顔の輪郭とか鼻の高さとか……」

「そう言われても、よく分からないよ……とても同一人物とは思えないけど……」

ヤマさんは溜め息をもらして写真を机の上に置く。

「整形しているのかもしれないが……これでまた分からなくなってしまったな」

「隣にいるのは彼氏かな？」

「多分な。フラれでもして自殺を決断したって所か？」

〝らしき者〟と言ったのには理由がある。男性のほうの顔……こちらだけ、なんと切り取られていたのである。

「……最後に聞いた彼女の言葉が『一緒に死ねばよかったのに』だもんね……関係のない僕達を巻き添えにして死のうとしたくらいだから、もしかしたら……」

「……もっと根深い……例えば彼氏が病死して自殺しようと考えた、とか……？」

「それだと思い出なわけなんだし、顔を切り取ったりしないよ。これはあまり考えたくない事だけど……彼氏を〝殺害した後に、自分も死のうとした〟……とか……」

「バカな。それなら警察がとっくにこの女を逮捕してるだろ。完全犯罪なんて小説やドラマだけの話だ。できる事じゃない」

僕はもう一度机に置かれた写真に近づく。すると写真とは別の〝何か〟に気付いた。

それは机の端……カッターか何かで削ったのだろう、文字が書かれているのが見えた。

——呪ッテヤル

頭で読み上げた瞬間、ブルリと全身が震えた……。

「とにかく、これ以上ここにいても何も——」

ヤマさんが話をしている最中、突然、

——♪♪♪〜♪♪〜……

なにやらチープな電子音が聞こえてきた。「悪い、ちょっと待ってくれ」と言ってヤマさんが懐をまさぐる。どうやら携帯に電話がかかってきた様子。

「はいもしもし……あぁ、そうだ。今トシと一緒に……——え？」

ヤマさんの表情が変わる。何か焦った様子で電話を切り、そして内容を告げた。

「……トシ、本格的にヤバい事になってきたぞ……」

「ど、どうしたんだよヤマさん。こんな場所で、そんな怖い顔するのやめてくれよ」

「落ち着いて聞け。たった今、ゆー君から連絡があった」

「さっきの電話、ゆー君だったんだ？　それで、何て？」

「……マツモッフィーが昨夜、大怪我を負って……今は病院にいるらしい……」

「…………え…………？」

揺れ動く黒いカーテン。

まるで死神が手招きをしているかのように……僕には見えた――。

二〇〇一年八月一四日

警察に見つかれば捕まってしまう程の速度で、車は広島へと突き進む。

移動している最中、自分とヤマさんは一言も声を発する事がなかった。

何か口に出せば、恐怖で押し潰されてしまう……そう感じたから。

車に乗り込む前、ヤマさんに訊ねた。マツモッフィーに一体何があったんだと。

だが「分からない」としか答えてくれない。おそらく電話をよこしたゆー君自身も、何故マツモッフィーが病院に運ばれる事になったのか分かっていなかったのだろう。

――渡邊さん……彼女と関わってからというもの、身の回りで嫌な事しか起こっていない気がする。

あの時、合コンなんかに行かなければ……。もう少し地元である広島に長居をしていれば……。

後悔ばかりが先走り、次第に涙が零れた。それをヤマさんに見られないよう、窓ガラスの方へ顔を向ける。

……泣いている場合か。

震える手を握り締め、自分の頬を思い切り殴りつける。

じわりと痛みが広がっていき、口の中に鉄の味が広がった。

ヤマさんはやはり、何も言ってはくれなかった。それが彼なりの気遣いであり、優しさであるという事は十分理解していた。

「……もうすぐ岡山に着くぞ。時間が遅いから、明るくなってからじゃないとマツモッフィーの様子を見にいく事はできないが……」

車に備え付けられた時計を見ると、時刻は深夜一時。

「とりあえず今日は解散しようよ。ヤマさんも長い間運転してきて疲れていると思うし、色々ありすぎたし……明日の朝、僕がヤマさんのマンションに行くから。一緒に病院へ行こう。なんなら、ゆー君も連れて」

「……そうだな。だが落ち合う場所はトシのアパートでいい。ゆー君にも俺から連絡いれておくから。それでいいか？」

「分かった。じゃあそうしよう」

それから少し時間は経過し、ようやく車は自分のアパート近くにやってきた。

車を停止させ、ドアを閉める瞬間にヤマさんに礼を言う。

「今日は本当にありがとう。色々付き合ってもらって」

「気にする事ないって。それより、何かあればすぐに連絡しろよ？　何時でも駆けつけて

やるから さ」

親指を立てて力強い事を言ってくれるヤマさん。ドアを閉めると、車はクラクションを鳴らして去っていく。

……〝何かあれば〟……。

何気なく言ったヤマさんの言葉。しかし、その〝何か〟は思いのほか早くに訪れる事となる——。

自分は、この日の出来事を一生忘れないだろう。……いや、忘れる事などできない。それほどまでに強烈で——そして恐ろしい体験だった……。


玄関の扉に鍵を差し込もうとした瞬間、ふと頭上が気になった。

天井部分には明かりが照らされているのだが、電球が切れかかっているのか時折暗くなったり明るくなったりを繰り返しているのである。

これればかりはどうしようもないので、近々大家さんに連絡を入れなければいけないな、などと思いながら改めて鍵を差し込む。

(……ちょっと待てよ……)

その瞬間、恐ろしい予感が脳裏に浮かぶ。

——もし……もしもである。

この部屋に、既に渡邊さんが潜んでいるとしたら……？

可能性が無いわけではない。なぜなら彼女は、僕の部屋の鍵を盗み、勝手に合鍵を作成しているかもしれないからだ。

真っ暗な部屋で、自分が戻ってくるのを待ち続ける渡邊さんの姿……その光景を思い浮かべ、再び体が震えあがる。

（これが強迫観念ってヤツか……⁉）

心理学の講義で講師が口にしていたのを思い出す。

本人の意思とは無関係に恐ろしい事を思い浮かんだり不安感を抱いたりする精神失調の一つである。

（まるで自分が、おかしな奴みたいじゃないか……！　違う！　自分は通常だ！　部屋の中に渡邊さんがいる訳がない！）

自分に言い聞かせ、鍵を回す。そしてゆっくり扉を開ける。

——ガチャ……リ。

開いた。……という事は、鍵はちゃんとかかっていた事になる。

(……そうだ。いるわけがない、いるわけがないんだ)

玄関の灯りをつけ、鍵をかける。チェーンロックもしっかりとかけたところでようやく少し落ち着いた。

「……ただいま」

ドッと疲れが押し寄せてきて、倒れ込むようにベッドに横たわった。その瞬間――。


――ピン……ポーン……。


深夜二時、である。

こんな時間に誰かが訪れる事など、あまりない。

心拍が一瞬にして早まる。

じわりと、掌から汗が噴き出す。

……これも強迫観念だ。

悪いイメージをするのはやめろ。きっと相手はヤマさんか、ゆー君に決まっている。

腿《もも》を二、三回強く叩き立ちあがる。そしてゆっくりと……玄関に向かって歩き始める。

……心配になったヤマさんが、泊まりにきたのかもしれない。

明日の予定を聞いたゆー君が、寝坊を心配してやってきたのかもしれない。

悪いイメージはするな……！　自分は平常だ……！　自分は平常だ……！

玄関前に立ち、深呼吸を行う。だが何の落ち着きも与えてはくれない。

そっと手を扉に当て、覗き穴に顔を近づけていく。

魚眼レンズの先は、真っ暗だった。おそらく外の電灯が消えているのだろう。

(気のせい……気のせいだったのか……？　別の部屋に来客が訪れたという事も……)

そんな事を思っていた時、急にパッと明かりがついた。

そこで目にしたものを見て、僕は思わず悲鳴をあげそうになってしまった。

――渡邊さん……だ。

俯き、表情は見えない。だがいつもと同じ格好をした渡邊さんが……玄関前に立っている。

悲鳴をあげそうになるのを、口を押さえて必死に堪えるた。

すぐさま玄関の灯りを消し、足音をたてないように部屋へ移動！

(やッ……ヤマさんに、連絡をッ……!!)

自宅電話の線を繋ぎ、ヤマさんの携帯へと連絡を入れようとする！　だが――。

(――ダメだッ!!　これ以上……これ以上友達を巻き込むような真似は……ッッ!!)

車の中でずっと思っていた事である。友達だから頼れば力になってくれるかもしれない、だが……。

ヤマさんだって怖いに決まっているんだ。

僕が狙われているんだろう⁉ だったら……その僕が立ち向かわないでどうする⁉

震える体を抱きしめながら、そんな事を考えていると――。

……ピン、ポーン…………。

再び呼び鈴が鳴らされた！

（とに、かく……ッ！ ……け……ッ……警察に！ 警察に連絡をッッ‼）

慌てて僕は電話のボタン、一一〇をプッシュする！ 二回目のコール音で、すぐに男性の声が聞こえてきた！

『――はい、××交番です』

繋がった事にホッとしつつ、慌てて内容を告げる僕。

「す、すいません！ 急いで来てください！ 女性が家に！ 狙われていてッ‼」

『落ち着いてください、何があったんですか？』

こうしている間も、呼び鈴は聞こえていた。心臓を軽く叩き、警官に何と言うべきか考える。

普通に言っただけでは、恐らく動いてはくれないと感じた。ならば少し大袈裟に、嘘をついてでも――！

「は、刃物を持った女性に襲われています！　家に逃げ込んでいるんですけど、追いかけられてて！　助けて下さい!!」

真に迫った様子で話すので、警察も僕の言う事を信じてくれたらしい。『落ち着いてください、今いる住所を言えますか？』と聞いてくる。

自分が住所を言うと『分かりました、すぐに向かいますので待っていてください』と警察。

（よかった……！　これでなんとか……！）

電話を切った後、ふと違和感に気付く。

……呼び鈴の鳴る音が聞こえなくなった……？

もしかしてこちらの行動に気付き、逃げ出したのだろうか？

それとも、留守だと思って帰ったのだろうか？

もし後者であれば好都合だ。僕が部屋にいる事を気付かれてはいけない！

そう思い、すぐに部屋の電気を消す！

このまま何事もなく終わってくれ……！　そんな僕の願いは簡単に、崩れ去った。

玄関から自分の部屋までには短い廊下と一枚の扉がある。今はその扉を閉めているので、玄関の様子など窺い知れない。

だが、すぐに何が起きたのか分かった。

――カチャカチャ……ガチャリ――。

鍵が……差し込まれる音……！

本来なら、そんな小さな音など気付かないかもしれない。だが今の自分は恐怖のせいで感覚が研ぎ澄まされているのだろう、そんな音すらも聞こえてしまう。

………渡邊さんが合鍵を使って、扉を開けたのだ……！

――ガチャン。

扉の開けられた音の後から聞こえて来たのは、無機質な音。

僕はすぐに、扉にチェーンロックをかけていた事を思い出す。

そうだ、それが繋がっている限り渡邊さんは玄関からやってくる事などできない！

――ガシャンッ！　ガシャンッ！　ガシャンッ！　ガシャンッ！

ガシャンッ！　ガシャンッ!!

何度も何度も……扉を乱暴に開け閉めしている音が聞こえる……！

扉の鎖が激しく鳴り響き、それと比例して自分の心臓も大きく脈動した。

呼吸がしづらく、胃の中の物を吐き出しそうになる。必死にそれを堪えながら、部屋の扉を背に当てて体を小さく丸めた。震えが激しい。本当にもう、どうにかなってしまいそうだった。

更に数分経過しただろうか？　詳しい時間など分からない。自分からすれば数時間にも感じられたから。

突然、呼び鈴の時と同様に物音がしなくなった。

いきなりの無音、何も聞こえない。耳鳴りがするほどに。

……今度こそ諦めたのか……？　それとも……鎖を断ち切る道具でも探しにいったのか……!?

僕は恐怖のあまり、冷静な思考を保てなくなっていたのかもしれない。

扉が開かない……？　だから部屋に入ってこれない……？

侵入するのに、わざわざ扉から入る必要がどこにある――？

ベランダから……ゴソゴソという不気味な音が聞こえてきた……！

僕の部屋はアパートの一階、すぐ傍には駐輪場を挟んで別の学生アパートが建っていた。そのアパートは僕の部屋の窓から玄関扉が見える形となっているので、夜でも灯りが差し込み、ある程度明るい。

真っ暗な自分の部屋、窓からぼんやりと差し込む光……そこに、人間の――――影が
…………！
髪の長い人間の黒い輪郭が、自分の部屋のベランダ柵を掴み――よじのぼってくる！
ドサリ、という音が聞こえて、窓のすぐ外に黒い塊が落ちる！
「…………嘘…………だろ…………ッ」
黒い塊は蠢くと、すぐに立ち上がった……！
恐怖のせいで、ついに涙ぐんでしまう。
カーテン越しに……窓のすぐ外に……女が……立っている!!
窓を――割られる！
部屋の中に侵入される!!
シルエットから目を離さないようにして、武器になるものはないか探す。
だが当然、そんな物があるわけもない。
(どうすれば……！　どうすればッッ!!)
混乱する自分。その時……何かが聞こえてきた。
――カリッ……カリッ……。
一体何の音だ……？　そう思ったのは一瞬で、すぐに事態を理解した。

渡邊さんは、部屋の窓を壊したりはしなかった。

その代わり——窓を……爪でひっかきはじめたのである……。

カリカリ、カリカリと窓ガラスから音が鳴り響く。爪を噛む音といい……なんであんな小さな音が、こんなにも脳を掻き乱してくるのか……。

渡邊さんがその気になれば、こんな窓など簡単に破壊してしまえる。躊躇もしないだろう。

だが、彼女はあえてそれをしない。

まるで焦らすように……。

窓を開けてくれるのを待っているかのように……。

部屋の窓にかけられたカーテンは、サイズが合っていない。

ここにやってくる前に購入していたカーテンは窓より多少サイズが短かったのである。

なので、窓下の約三センチ程、丈が届いていない。

故にさっきから渡邊さんの両足が見えていた。

しばらく、カリカリと爪をたてていた音……それがピタリと止まる。

影はそのまま、存在している。ついに諦めて帰ってくれるのか……それとも、いよいよ窓を割るつもりなのか——？

ごくり……と生唾を飲んだ時、いきなり闇が蠢きだす。

(一体何が……どうなって……)

目線を渡邉さんの頭があった場所から、足元へと移す。すると——。

——目が、見えた。

窓とカーテンとの数センチの合間から……じっと、こちらを覗く目……！

「——うッ……ウワァアアアアァァアアッッッ？！！！」

ついに悲鳴をあげてしまう。

その反応に満足したのか、渡邉さんの目は——微かに……細くなった……。

これは……本当にまずい！

部屋の扉を開けて玄関から逃げ出すべきか——そんな考えが頭をよぎった時である。

——ガタッ！　ガタガタッ!!

物音がして、突然渡邉さんの影が激しく動き始めた。

一体何だ？　と思った瞬間、恐怖の対象はベランダを乗り越えて姿を消してしまう。

……去った……のである。

「……一体……どうして……」

恐る恐る窓辺に近づくと、遠くの方に赤い光が見えた。もしかして……と思いながら、しばらく待っていると――。

――ピンポーン……。

僕の部屋の呼び鈴が鳴らされた。警戒しながら扉へと近寄ると、今度はコンコンとノックする音が。

「――こんばんはー、警察の者ですが。すみません、開けてもらっていいですかねー？」

男の声がした。……警察……警察!? やっと来てくれたのか!?

「すいませーん、いらっしゃいませんかー？」

僕は慌てながら扉のチェーンロックと鍵を開けた。

「ああ、すみません。おたくですかね、連絡をくださったのは」

立っていたのは、二人の警官。その姿を見た瞬間に、全身の力が抜けたような感覚を受けた。

……助かったのである。

「刃物を持った人物に襲われている、と聞きましたが。その人物は、どこに……？」

横並びに立っている警官の右側……体格のいい中年男性が話しかけてきた。

「……ああ、いや……それが……どうやら逃げ出したみたいで……」

そう言うと、あからさまに訝しげな表情をしてくる警官。まるでいたずらにこちらが交番に電話をしたかのように……。

「どこに逃げたんです？　おたくは何かされたんですか？」

「いや……逃げた先までは分かりません……自分も何もされていませんし……」

中年警官は横にいた若い警官に目線を向ける。そしてこちらにも聞こえるように溜め息をもらす。

「では何でもない、という事ですね？」

「いや、でも……！　また戻ってくるかもしれないし！」

「あのねぇ……こちらもずっとおたくの傍にいるわけにはいかないんですよ。分かるでしょう？　あんた、学生さんだよね？　何回生？」

警官の態度にイラつきはしたが、あえて何も言わなかった。彼らが来た事で渡邊さんが逃げたのは事実であるし……。

そもそも憔悴しきっていて、言い合う気力も残っていなかったともいう。

「……じゃあ戻りますから。あまりいたずらに交番へ連絡してこないように。……行くぞ」

「夜分に失礼しました」

若い警官が頭を下げる。こちらもそれを見て「ありがとうございました」と答えて頭を下げる。

「やれやれ……最近の若い奴にも困ったもんだ」

二人の警官が、ゆっくりと動き始める。そして玄関扉が軋んだ音をたてながら閉まっていく刹那――。

広がった視野、玄関から二メートルばかり離れた場所に――渡邊さんが、立っていた。

じっと、こちらを見て……窓から見た時のように、口の端を吊り上げている……!!

彼女は少し離れた場所から、ずっと僕らのやり取りを見ていたのである……！

外の電球が切れ、さらに背後にいたのだから、警官も渡邊さんの存在には気付かなかったのだろう。

「――あ……アァアアアッッ！！！　た、助け――」

まだ近くにいるであろう警官に助けを呼ぼうとした。その瞬間、玄関扉がガチャリと閉まり、自分の声は遮られてしまう！

すぐ外には渡邊さんがいる！　開けてしまうのは危険！　そう思った自分は、すぐに玄関の鍵を閉めてチェーンロックをかける！

一瞬遅れて、物凄い勢いでドアノブが、

――ガチャガチャガチャガチャガチャガチャッッ！！！

と、動かされる！　鍵が開いた僅かな隙をついて、渡邊さんが部屋に入ろうとしていたのだ！

（は、早く助けを呼ばないとッ！　警官が行ってしまう！）

自分は急いで廊下を走り、カーテンを開いて窓を開けようと試みる！　だが開かない！

焦りと恐怖のせいで鍵がかかっている事を忘れていたのだ！

震える指先でなんとか鍵を外し、今度こそ窓を開ける！

窓と網戸を開け、大声で助けを求めようとする自分！

「たッ！　たす――――」

そこまで声を出した時――ザンザンザンザンという不気味な音が聞こえてきた。そして――。

玄関から回り込み、こちらに向かって走ってくる渡邊さんの姿ッ！！！

真っ暗で、きちんと見えたわけではないが……自分には彼女の形相が、鬼のように見えた――。

急いで窓を閉める。鍵をかけたのとほぼ同時に、渡邊さんがベランダを上ってきた！

「ふざけんな……ッ！ふざけんなよッ!! なんでこんな目に……!!」

渡邊さんは窓を思い切り叩いてみせる！

ダンダンダンダンダンダンダンッッ！！！

外から呻き声のようなものが聞こえたが、耳を塞いで無視をする。その時——。

——プル……プルルル……プルルル。

自宅電話が突然鳴り響く！　警察を呼ぶ際に回線を繋げたままにしていたようだ！

かけてきたのは……ヤマさんか……？　ゆー君か……？

そんな訳あるか……！　外の女に決まってる……！

いつの間にか、身体の震えは消えていた。その変わりに現れた感情、それは——怒り、だった。

自分はキレていた。なんでこんな目にあわなければならないのか、相手は自分を脅して楽しんでいるのではないか？

奥歯を噛み締め、鳴りつづける電話の受話器を取って耳にあてる。すると怒りとも悲しみともいえない低い声が聞こえてきた……。

『アァアアァアァアァケェエエエェエエロォオオォオオォオオッッ！！！』

自分の携帯を使って、渡邊さんが電話をかけてきたのだろう。

自分は軽く息を吸い込み、相手に言い放つ。

「……分かった。もう逃げも隠れもしない。玄関の鍵を開けるから、待ってろ」

冷たい口調で言い放ち、乱暴に電話を切る。

ベランダ外にいた渡邊さんはしばらく停止していたが、その内、ゴソゴソと動き始めた。

ベランダから離れ、姿が消える。

玄関に回り込もうとしているのだろう。

こちらとしても覚悟は決まっていた。

「来るなら来やがれ……！」

長い夜も、いよいよ終わりを告げようとしていた——。

玄関扉を開ける前に、僕は軽く深呼吸をしてみせる。

自身の指先を見て、震えていないのを確認する。

チェーンは繋げたままの状態で、鍵をゆっくりと開けた。すると隙間から闇に紛れた渡邊さんの姿が見えた……。

「……話をさせて欲しい。一体何のつもりでこんな事をしているのか、その理由を知りたい」

「…………開けてよ」

俯いた状態なので表情は分からない。くぐもったような声で、ボソリとそんな事を言う渡邊さん……。

「危険な物でも持っているんじゃないのか？　こちらの質問に答えてくれない以上、これ以上扉を開ける事はできない」

「…………」

沈黙を肯定とみなし、自分は渡邊さんに質問をする。

「友人が昨夜、病院に送られた……あんたが何かしたのか……？」

「…………開けてよ」

「俺だけじゃ飽き足らず、友人にまで危害を加えるなんてどういうつもりだ!? 目的は何なんだ!?」

次の瞬間。渡邊さんは凄まじい速度で顔をあげると、こちらを見ながら大声で叫んだ！

「開ァアアケェエェロォォオオオォオオオォオッッッ！！！」

瞬きをしない瞳は、充血しきっていて真っ赤に染まっていた。

扉を掴み、力任せに引っ張り上げる渡邊さん！

その爪はボロボロになっていて……所々が割れていた——。

フゥフゥと息を荒げながら、こちらを睨みつけてくる。

この人が異常だという事は分かっていたが……こうして目の当たりにすると流石に背筋が震えた。

「……渡邊さん……あんた、本当に渡邊って名前なのか……？」

歯をむき出しにしながら、口角から泡のような物を出している渡邊さん……まるで自分がホラー映画の登場人物になったかのような錯覚に陥る。

「友人が言っていた……あんたは合コンで出会うより前から自分を狙っていたんじゃないかって……偽名を使い、顔も整形して近づいたんだ。違うのか？」

「フゥウウウッ‼　フゥウウウウウッッ！！！」

獣のような音を発する相手に向かい、自分はいよいよ核心をついてみせた。

「あんたの本名は……田辺っていうんじゃないのか……？　昨年、自分と友人が乗った車に向かって投身自殺を図った――あの田辺だ」

――ピタリ、と渡邊さんの動きが止まった……。

やはり、この人は……あの時の女性に間違いないのか……⁉

大人しくなった渡邊さんは扉を掴んでいた手を離し、玄関外に黙って立ち尽くす。

あまりの反応に自分も動揺を隠せない。

「……やっぱり……あんたは……」

言葉を継ぎかけた時、渡邊さんの口が微かに動く。

集中して聞き逃さない様にする僕。そして彼女はこう言った。

「……とりあえず……中に入れてください……本当に何もしませんから……お願いします

……お願いします……」
哀願……だ。
微かに肩が震える彼女。先ほどまでヒートアップしていた気持ちが冷めていく。
「……本当に、何もしないと誓えるか……?」
自分の言葉に、渡邊さんはコクリと頷く。
「………分かった。ちょっと待ってて」
少し考えた挙句、自分は扉を開ける事にした。
素性を知られたから、もはや抵抗する気も失せたのだと思ったのである。
前に見た時は紙袋のような物をさげていたが、今は何も持っていない。
服装を見ても、凶器を隠しているようには見えなかった。
僕はゆっくりとチェーンを外し、ドアノブに手をかけた。
「本当に何もしないと――」
微かに扉を開ける。
そう言いかけた瞬間、
バタァンッツ!!!
凄まじい勢いで、玄関扉が開かれる!

僕は思わず体勢を崩し、前のめりに倒れそうになるのを辛うじて堪えた。

すると——今度はすぐ横で影が動く！

ゆるりと、まるで蛇のような動きをしてみせると渡邊さんは部屋の中へ入り——。

そして玄関のすぐ傍にある小さな台所へと向かった！

「————————ッ!!」

マズイ！　そう思った時には、既に遅い……！

渡邊さんは台所の中から包丁を取り出し、それを僕に向けてきたのである……！

「フゥウウウゥウウウウウウウッッッッ！！！！」

渡邊さんは、刃物を大きく縦に振るう！

咄嗟に横へさけると、包丁は玄関扉にぶつかる！

近くに寄ってはまずいと感じて、僕は玄関から離れて渡邊さんとの距離をとった。

……これが失敗だった。

（まずい……！　あのまま玄関から逃げだせばよかった……！）

玄関扉は渡邊さんの背にある。チラリと窓を見て、そこから脱出できるか考える。

（ダメだ！　窓は鍵がかかってる……！　脱出に手間取ったら、その間に……刺される！）

ジリジリと……渡邊さんが近づいてくる！

僕を逃がさないよう、玄関から離すために刃物を振るったのかもしれない。だが……これだけは確かだ。

渡邊さんは、本気で自分を刺すつもりだ――。

（クソッ！　なんとか……なんとかしないと……！）

数ミリずつ後ずさりながら、必死で周囲に手を伸ばす。

すると――何かが指先に触れた。

（――？　これは……！）

台所のすぐ隣には、小さな冷蔵庫。

僕が触れたのは、その冷蔵庫の上に置かれたトースターの機械だった。

渡邊さんから目を離さず、手を動かす。ひんやりとした何かを掴む事ができたので、それを渡邊さん目がけて、思いきり投げつけた！

「――――――！！！」

投げられたものは、トースターから出るパンくずを拾うための薄い受け皿。

突然そんな物を投げてくるなんて渡邊さんも予想外だったのだろう。不意をつかれた感じで慌てた挙句、受け皿は見事渡邊さんの体にぶつかった！

小さなパンくずが散乱し、彼女の動きが止まったのを確認して一気に駆けだす！

窓に向かってではない！　渡邊さん本人に向かってである！

逃げた所で追われるだろう。逃げ切った所で、日を改めて方法を変えて自分を再び追い詰めてくるだろう。

カタをつけるなら今しかない！　そう考えたのだ。

僕は包丁を持っている渡邊さんの手を思い切り殴りつけた。

包丁が手から離れたところで、思いきり体当たりを行う！

靴箱に激突した渡邊さん！　大きな物音と共に、上に飾っていた物が床へと落ちた。

「ウアァアァアァアアアアアァアァアアッッッ！！！」

鼓膜が痛くなるほどの咆哮。彼女は僕の体を突き飛ばし、廊下へ転がった包丁を拾い上げようと四つん這いのような姿勢をとった！

手を伸ばす彼女！　その指先が包丁に触れる！

——だが、そこまでだった。

僕は身を低くして背を向けた渡邊さんの胴にしがみつき、相手の動きを一瞬遅らせた後、馬乗りのような形で彼女の背に乗り、腕を極めたのである。

「ガアァァアアァアッッ!!　ハナッセッッ!!　ウワァアァァアアアアアッッ！！！」

背に回した彼女の腕を立たせ、一気に前へ倒す！

「質問に答えろッ！　お前は一体何なんだ⁉　正直に言わないと、腕を折るッ‼」

両足をジタバタと動かして、あがく彼女。だが手にした包丁だけは離さない。

完全にアドバンテージは逆転したのだが、まだ彼女は僕を殺すのを諦めていない様子だった。

「さっさと答えろ！　じゃないと本当に……折るぞ‼」

メキメキという、腕の軋む音が聞こえた。普通の女性ならば、この痛みに耐えられるはずがないのだが……。

渡邊さんは口を割らない。そして、ついに——。

——ゴキンッッ‼

嫌な感触と音がした。……折れた！　折ってしまった！

相手が異常な者とはいえ、女性を傷つけてしまった事に罪悪感が広がる。そのせいで、力が弱まってしまったのだろう——。

「ウアァアァアァアアァアアアァッッ！！！」

渡邊さんが抵抗し、僕は彼女の背中からころがり落ちてしまった。自由になった渡邊さんは、動かなくなった腕をほったらかしにしたまま、空いたもう一本の手で、再び包丁を手にして立ちあがる……！

後から思うと、渡邊さんの腕は折れていなかったと思う。

彼女の腕は脱臼し、それを折ってしまったと錯覚してしまったのだ。

包丁を構えたまま立っている渡邊さん。

それに対して、僕は両膝をつけたままの状態……。

体勢が悪すぎる……！

このまま襲われれば、ただではすまない……！

腕で喉と腹部だけを守り、斜に構えるのがやっとだった。

（くそッ！　覚悟決めるしかないのかよッッ!!）

額から汗が噴き出る。そんな自分を見下しながら……渡邊さんが何かを呟いた。

「――ガウ……タ……ナイ……」

正確には何と言っていたのか分からない。

ただ自分には、こう聞こえた――

『違う――あんたじゃない』

渡邊さんは、くるりと自分に背を向けると、包丁を手にしたまま、玄関から去っていったのである……。

何が何やら分からないでいた僕だが、とりあえず助かった事が分かると一気に疲れが噴き出したのか、その場に倒れ込み、眠ってしまった。

二〇〇一年八月一五日

朝が来て、僕は迎えに来たヤマさんとゆー君に起こされて目が覚めた。

廊下の荒れ具合から見て、ただ事ではないと分かった二人は心配そうに声をかけてくれる。

「あの女が来たのか!?」

僕が一部始終を話すと、ヤマさんは怒りを露わにした。そして岡山県警の対応の悪さにも腹をたてていた。

「よく無事に済んだな……本当によかった」

「包丁は取られたけどね……」

苦笑してみせる僕。再び渡邊さんがやってくるかもしれないので、今晩は家にいないほうがいいという提案が出された。

「だったら僕のアパートにくればいいよ。こんな事しかできないけどね……」

ゆー君がそう言ってくれるので、その日の晩は厄介になる事に決めた。

——そして三人でマツモッフィーの見舞いに向かったのだが……。

「単なる事故!?」

どうやらマツモッフィーは、あの日の帰り際に原付の運転を誤り、一人でコケてしまったらしい。

軽い骨折をしてしまい、とりあえず検査もかねて二日ほど入院という事になったという。

「何だよ……てっきり渡邊さんに襲われたのかと……」

ホッと胸をなで下ろす一同。とにかく大ごとではなさそうなので安心した。

――病院を出たのは昼頃。これからどうしようかと話し合っていた時に、ヤマさんが言いだした。

「やはり俺は、どうしても許せねぇ」

向かったのは近隣の交番。昨夜の一件を話し、怒りで机をバンバン叩きながら警官に説教をするヤマさん。

「とりあえずパトロールを強化しますので……」

頭を下げる警官だったが、ヤマさんの怒りはおさまらない。僕は「もういいよ、行こう」と促して交番から去る。

「ガツンと言ってやらなきゃいけねーんだよ、トシ！　警官ってだけで偉そうにしやがって……！　もしかしたら命を落としてたかもしれないんだぞ!?」

「まぁそうだけど……自分も腹は立つけどさ。済んだ事だし。初めから、そんなに期待もやらなければいけない事は多く、その日はあっという間に時間が過ぎた。

「そうだな。それがいい」

「あ、そうだ。忘れない内に大家に頼んで、玄関の鍵をかえてもらうように言わないと」

「……納得いかねぇな……クソッ！」

していなかったしさ」


——そして、次の日の朝。

ゆー君と一緒にアパートへ戻り、渡邊さんが侵入した形跡がないか探っていた時に再び、謎の出来事が起こった。

ゆー君が持っていた携帯電話が突然鳴り響く。すぐに電話に出た彼は、すぐにその携帯を僕に渡してくる。

「ヤマさんから」

「自分に？　何の用事だろう」

不思議に思いながらも、僕は携帯を受け取る。

「もしもしヤマさん？　何？」

『……トシか。ちょっとお前に話しておきたい事があってな』

電話越しのヤマさんの声は、いつもと違って暗かった。何となくこちらも姿勢を正して、相手の喋る声に集中する。

『トシから話を聞いて、俺も色々と渡邊って女について探ってみたんだ。友人に声をかけて協力してもらったりしてな』

「………うん」

『大学内に渡邊って女は結構いるみたいだが、トシやゆー君、マツモッフィーが言う特徴と同じ奴はいない事が分かった。つまり大学生と名乗ったのも嘘って事だ』

それはそうだろうなと僕も思った。あれは自分に近づくための出まかせだったのだろう、と。

『まぁその辺はこちらも予想してた。それで……だ。大学にある過去の地方新聞を調べまくって、『田辺』という女が自殺した記事はないか探ってみた。……結果、見つかったよ』

「見つ……かった……？」

『あぁ、物凄い小さい記事だがな。同一人物かどうかは分からないが……田辺裕美って女性が電車にひかれ、即死だという事が書かれていた』

……タナベ　ユミ……？

自分は慌てて、渡邊さんが遺していた手紙を探ってみる。

捨てた覚えはないのだが、部屋から手紙は見つからなかった。だが自分は、なんとなく覚えていた……。

——渡邊さん……彼女の名前も確か……！

ヤマさんに事情を話すと、重苦しい感じで『……そうか』と答えた。

『名前が同じというだけで、同一人物かどうかは分からない。あまりに似通い過ぎた名前だと思うが……だが、問題は更にある』

……これ以上、一体何があるというのだろうか……。

『田辺が電車にひかれたのは深夜。乗客はおらず、運転手以外の目撃者はいなかったようだ。警察からしても自殺という事で大した捜査なども行わなかったと聞くが……。死亡したのは、今年の八月七日。つまり……まだ一週間そこそこしか経過していないんだ。……トシ、ここでお前に聞きたい事がある。お前が地元から岡山に戻ってきたのは、いつだ？』

「ご、合コンがあるのが分かっていたから……前日の……八月……七日……夜……」

ぞわぞわと……自分の体が総毛立つのが分かった。もしかして……いや、そんな……！

放心状態でいる自分の耳に、カンカンという小さな音が聞こえてきた……！

『……トシ、お前のアパートのすぐ近くには……何がある？』

「せ……線路が……あるよ……軽い坂になってて……そこに……短い線路が……』

――カンカンカンカンカンカンカンカンカン……。

『……合コンに行った日……待ち合わせ場所に向かう時に、外の様子がおかしかったとかなかったか……？　いや、必ずあったはずだ……』

その日は、たまたま線路を渡りはしなかった……でも……。

数台のパトカーや……近隣の住人が集まっているのが見えた……かもしれない……。

『……田辺は……トシのアパート近くにある線路で自殺しているんだ……おそらく、離れて見えるトシのアパートを眺めながら……！』

「――――――」

――カンカンカンカンカンカンカンカンカンカンカン……！

「う……嘘だッ！　じゃあ、つまりヤマさんは……！　田辺は自殺をした後に、渡邊と名前を偽って、僕を追って合コンにやってきたと⁉　おかしいじゃないか！　それだと、まるで……まるで……ッ‼」

――悪霊じゃないか。

そう言いかけて、僕はやめた。口に出してしまえば、本気で信じてしまいそうだったから……。

『……確かに、ありえない話だ。だが田辺は間違いなく、トシ……お前目的でその線路を選んでいる。じゃなければ、わざわざ地元から遠く離れた岡山で……しかもトシの住むアパートの近くで自殺するわけないんだ。その必要がない……』

「目的とか……！　そんなの分からないよ！　なんで自分だけ……！　自分ばっかり……!!」

『……お前だけじゃないよ』

……ヤマさんの言葉に、僕の思考が止まる。

……僕だけじゃ……ない……？

それって、一体どういう――。

『田辺に住所を教えたのは……トシだけじゃなかっただろ。俺も……教えているんだ』

僕はヤマさんの過去の言葉を思い出す――。

〝車が元に戻ったら連絡をするので、連絡先を教えてくれとか言われてさ。思わず、この車を貸してくれた友人の住所を教えたよ――〟

――まさか……。

まさかまさかまさかまさかまさかまさか……！

『……住所を教えた、その友人だけどな……消息不明なんだ……一切、連絡が取れない……俺は……俺は、とんでもない事を……っ!!』

すすり泣くヤマさんの声を聞きながら僕は、その場に座り込んでしまった……。

二〇一一年四月某日

『怨結び』を書くにあたり、僕はヤマさんと連絡を取ってみる事にした。

最後に連絡したのは五年前……？　いや、もっと昔かもしれない。

『トシか？ 久しぶりだなぁ、元気してんのか？』

ヤマさんは結婚をして、現在も岡山で生活している。

僕は十年前の出来事をノンフィクション小説にしていいかと尋ねた。

『小説？　なんだ、小説家になったのか⁉』

なれればいいねぇ、なりたいねぇ。でも違うよと言って事情を話す。

『なるほど。無料携帯サイトにトシが実話怪談を出してんのか。すごいじゃないか！』

すごくないよ。人気もあがらず鳴かず飛ばずでヒィヒィ言ってるよ、と愚痴をこぼす。

『大丈夫さ、トシならきっと成功する。もしプロになって印税稼いだらオゴッてくれよな』

今の状態だと缶ジュースをオゴってあげるのが限界だよと告げると、

『いいねぇ、んじゃ缶ジュースで乾杯といこうぜ』

笑いながら、そんな事を言ってくれた。

『しかし、あの出来事か……思い出したくもないいな』

ヤマさんと同意見だった。十年経った今でこそ話せる出来事だが、それまでは話などできなかった。

言った所で、誰も信じてなどくれないだろうし……。そう思っていた。

『都市伝説めいてるもんな。お前の周りでは本当に不思議な事ばかり起こるよな……一部の仲間うちでは面白がって〝トシ伝説〟なんて言われてたぞ』

ひどいな、それは。そう言って苦笑してみせる。

『あれからどうなったんだっけな……アパートの鍵をかえて、それっきり渡邊は来なかったんだよな』

そうなのだ。最後に渡邊さんが呟いていた言葉の意味は分からなかったが、危険に襲われる事はなくなったのである。

僕は思いきって、当時失踪したとされるヤマさんの友人……つまり車の所有者はその後どうなったのか聞いてみた。

『……わかんねぇ。大学には何か分かったら連絡を入れてほしいと伝えてある。だけど一度として電話がかかってきた事はない……』

暗く沈むヤマさんの心中を察し、僕の胸も苦しくなった。

『だけど、これを小説にして読んだヤツが信じるかな？　あまりに突飛すぎる出来事だったし、俺も今更ながら集団催眠にでもかかっていたんじゃないかと思う時がある』

確かに……でも信じてもらえようがもらえまいが、この出来事を一人でも多くの人に知ってもらいたかった。

どんな人であれ、常に危険とは隣り合わせ……。

ひょんな事から日常が一変してしまう事もあるという事を知ってもらいたかった。

『それに……もし渡邊がトシの小説を読んで、再び追ってきたらどうする？　それだけじゃない。今回の話を知った人間が渡邊の標的となる可能性も……』

……それは、困る。どうしようか、やっぱりやめるべき……？

『なんてな。大丈夫さ、今と十年前じゃあ警察の対応も全然違う。心配する事はないさ』

だったらいいけど……と少し暗い口調で僕は答えた。

『あれ以降、不思議な体験したか？』

僕は大学を出てから身に起こった恐怖体験を語る。最新のものでは、小説にもしている『一人かくれんぼ』をした時の話など。

『相変わらず無茶するな。普通の奴なら、なんで自分から怖い思いをするのか。馬鹿じゃないかという奴もいるだろう』

まぁ、そうかもしれない。否定もできない。

『だけどな……〝そんな事じゃない〟んだよな。うまく説明できないし理解もしてもらえないと思うが……俺はトシの事を認めているんだぜ』

褒められなれていないせいか、何だかくすぐったく感じる。

『トシ、小説にするんだろ？　だったら俺の〝例の話〟も載せていいぞ』

ヤマさんのいう〝例の話〟とは、彼のもつ最強の怖い話である。

自分が初めてその話を聞いた時、震えあがったものだ。

でも『怨結び』同様〝訳アリ〟だったりする。書いていいものかどうなのか悩んでいると、

『いいんじゃないかな。時間さえ経てば、全ては無効さ』

そう言ってくれたので、本編を書き終えたらオマケとして書こうと思っている。

『んじゃ、ランキングのてっぺん取れるのを願ってるからさ。色々あるかもしれないが、まぁ頑張れ』

自分は丁寧にお礼を言って、電話を切った。

——今でこそ、本当に謎の多い出来事ではあったが……こうして文字にできてよかったと思う。

嬉しい事というのは、すぐに忘れてしまう。だけど辛かった事や恐怖体験というのは、

いつまでも記憶の中で残り続ける。

嫌な事というのは消した方がいいに決まっている。でも自分は、そんな経験こそ後々に自分を成長させる糧になると信じていた。

渡邊さんの一件も、危険はあったが仲間の助けを受け、重要さを再確認できた。

こうして、ここまで自分の話に付き合ってくださった全ての人に感謝をこめて。

ありがとうございました。

※ストーカー規制法は一九九九年に埼玉県桶川市でストーカーが女子大生を殺害した『桶川ストーカー殺人事件』を契機に法規制が求められ、二〇〇〇年（平成十二年）十一月二十四日に施行された日本の法律である。
制定された後も、軽犯罪法や迷惑防止条例でしか取り締まれなかった時期が長すぎたために浸透は遅かったように思えます（田舎では尚の事）。

それを象徴するかのように、三年が経過した二〇〇三年でもストーカー相談件数は二万を超え、事案として取り扱った件数は一万件以上、警告が一一六四件と高すぎる数字となっているが——。

検挙は、たったの十四件であった。

禁じられた話（オマケ）

友人であるヤマさんが学生時代に体験した恐怖体験。

ヤマさんには青木というクラスメートがいた。

青木の家に度々遊びに出向いていたのだが、彼はしきりに自分の住んでいるアパート自慢を始めるのだという。

「ここのアパートは井戸水を汲みあげているらしくてさ。物凄く水が美味いんだよ」

蛇口から出た水で作った麦茶をガブ飲みしながら、そんな事を言う青木。

「だったら水道料金とか安かったりすんのか？」

そう訊ねると青木は「いや、それは分からない。親が家賃共々まとめて支払っているから」

何だよソレ、と呆れ顔をしてみせるヤマさんに青木は、

「いいから飲んでみなって！　コンビニで買うミネラルウォーターと同じ味だから！　いや、俺はこっちのほうが美味いと思う」

元々、青木は都会の生まれである。カルキ臭ただよう水で慣れている者からすれば田舎の水など美味いと感じて当然だろうとヤマさんは思っていた。

だが、あまりに薦めてくるので一口飲もうとグラスを借りて台所へと向かう。

「…………ん？」

すると、何か異変を感じた。

グラスに注がれた水……よく見ると小さな何かが中で漂っていた。

「なんか混じってないか？」

白い小さな粒のような何か。ヤマさんが青木に見せると「何だろうな」と首を傾げる。

とりあえず原因が分からないので、青木は大家に電話を入れて訊ねてみる事にした。

「水出したら、なんか変なのが混じってるみたいなんスけど」

大家は『すぐに原因を調べます』と言って電話を切った。

そして二〜三日が経過した頃――。

青木の部屋に見知らぬ男性二人がやってきた。

ヤマさんは、その日も青木のアパートへやってきていたらしい。野球ゲームにハマっていて、時間さえあれば対戦をしていたと言う。

「失礼、私達はこういう者ですが……」

男の一人が取り出したもの、それはドラマなどでよく見る警察手帳だった。

「数日前に、このアパートの大家さんへ連絡を入れたのは……あなたでよろしかったですね？」

「あぁ……はい。水道水の件で電話しましたけど……それが何か……」

「少し調べさせて頂いてよろしいですか？」

なんでそんな事を言ってくるのか分からなかったが、嫌ですとも言えない青木は警察官二人を部屋にあげた。

「失礼します」

一人が入念に台所蛇口を調べ、もう一人は冷蔵庫を開けて中を確認し始める。

「これは、その蛇口から出た水で作られたものですか？」

青木が作った麦茶の容器を手にして訊ねてくる男。「はい、そうです」と答えると、

「預からせてもらってもよろしいでしょうか」

そんな事を言ってくる。

ここでヤマさんは、只事ではないと分かった。

警官が部屋を出ていった後、ヤマさんは青木に言った。

「何だかおかしいぞ。ちょっと大家に連絡を入れて話を聞いてみろ」

言われるがまま青木は大家へ電話をかける。

「もしもし。あのー、今警察の人が来られて部屋を色々見て回ったんスけど。これってどういう事ですか？」

訊ねてみるも、大家は「こちらとしては何とも」とか「ただの調査なので」と言うだけ。

ヤマさんは青木から受話器を取ると、強い口調で告げた。

「大家が住人を不安がらせてどうするんだ。納得のいく答えをキチンと説明するのが筋ってものだろう」

ヤマさんの気迫に負けたのか、大家は直接青木の部屋へと顔を出した。

手に菓子折りを持って。

「この度は、あの……これはつまらない物なんですが……」

頭を下げながら菓子折りを手渡そうとする大家。

青木を下がらせて、ヤマさんが大家の前に立つ。

「理由も分からないまま、こんな物を頂くわけにはいきませんね。正直に話してもらいましょうか」

大家の顔色は真っ青だった。ますますもって只事ではない事を理解するヤマさん。

大家は目を合わせないまま、震える声で告げた。

「あの……アパートの貯水場で少し……問題が……」

「問題？　何の問題ですか」

「あの……こ、これは絶対に人に言わないで欲しいというか……」

「さっさと言えッ‼」

キレてしまったヤマさんが怒鳴りつける。

「アパートの屋上に……給水タンクがあるんです……そこの水が蛇口から出てくる仕組みなんですけど……」

「はぁ？　聞いた話だと、ここのアパートの水は井戸から汲みあげたものだと……」

「それは違います……そんな事はしていません……」

とんだデマだった様子。チラリと後ろにいる青木に目線を向けると、ショックを受けた彼の様子が見えた。

「それで？　その貯水タンクに何の問題があったというんですか」

「あの……えっと……一〇八号室の住人が、ですね……大学生の、女性なんですが……」

青木の部屋は一〇七号室。その隣住人とは何度か面識があったらしい。ゴミを出す時に一緒になって挨拶をしたり、学校の帰りに買い物袋を持った彼女と出くわしたり。可愛い人だったらしい。淡い恋心すら抱いていたと聞く。

「その住人が、ですね……あの…………貯水タンクの中で……自殺をしていたようで…………」

大家の言葉に、二人の表情が固まった。

貯水タンク内で自殺を図った隣住人。

屋上の扉に鍵はついておらず、誰でも行き来する事はできたらしい。

死亡した彼女は時間が経過するにつれ、少しずつ肉体が水に溶けていく。その脂肪などが……ヤマさんのコップに混じったのだという……。

「――うぐッ……！　おえぇえええええええッッッ！！！」

青木は話を聞いた瞬間、トイレで吐いた。そして大家は玄関で土下座をして頼みこんだのだという。

「勝手なのは分かっています！　ですがどうか……どうかこの件は内密に……！　お願いします……ッッ!!」

腹が立つ以前に、ヤマさんは呆れかえったらしい。

「勿論、こんな物だけで終わらせるつもりはありません……！　キチンと警察から事情を聞いた後、また改めて伺わせて頂きます……ですので……」

当の住人は、トイレにこもったままだ。ヤマさんは「分かったから帰れ」と大家に冷たく言い放ち、玄関扉を閉める。

「……おい、大丈夫か？」

青木を気遣い、声をかけるヤマさん。呟き込みながら青木も「……だいじょう、ぶ……」と答えた。

「だがアパートやマンションの貯水タンクって、簡単に人が入れるよう設計されていないはずだろう？　どうやってそんな所で自殺を……」

「自殺ができれば、どこだってよかったんじゃないか……？　あぁ気持ち悪い……」

「これは俺の想像なんだけどさ……彼女は誰かに殺されて、ここの貯水タンクに沈められたっていう可能性はないか……？」

ごくりと、青木が生唾を飲み込む。

「こ、怖い事言うなよ……」

「しかし誰でも屋上は行き来する事ができたんだろう？　死体は水によって溶ける、そう考えた犯人が行った事だとしたら……？　それにどう考えても貯水タンクを女性の細腕で開けるなんて……」

「も、もうこの話はやめようぜ。俺もしんどいから、今日は帰ってもらえないかな……」

「……あぁ、そうだな。すまん。じゃあ今日は帰るわ」

ヤマさんはそう言って、青木のアパートを去った。


——それから数日経過した。

あの日を境に、青木は全く学校に顔を出さなくなったらしい。

アパートに出向いても出てこないし、電話をかけても繋がらないとの事。

更に数日が経過して、こんな噂話を聞いた。

『青木は何か事件を起こして、今は刑務所にいるらしい』

何の事件を起こしたのかは分からない。それが本当なのかどうかも定かではない。

だが青木のいたアパートの部屋は無人と化した。

青木は言っていた。隣の女性に淡い恋心を抱いているのだと。

そして執拗に水道水が美味いからと薦めていた。

井戸水を汲み上げていると言いだしたのは一体誰なのか。その後、警察はどのような捜査を行い、またどのような結論を出したのか……。

疑問は尽きない。

だがもし、自分が想像している通りの事だったとすれば……ヤマさんの身も、危なかったかもしれない。

アパートは今もそのまま残されている。

ただし――屋上の扉だけは、固く閉ざされていた。

二〇一二年九月某日

仕事が三連休となったある日、私は広島駅の傍にある本屋で小説を数冊購入して帰路についていた。

踏切はなかなか開いてくれず、多少イライラしていると後ろからクラクションの音が鳴り響く。

何だようるさいなぁと振り返ると、そこには原付だというにも拘わらず二人乗りしている男女の姿が。

男の顔には見覚えがあった。昔、バイト先で一緒に働いていた人である。

ここでは仮に『江崎《えざき》』と呼ぶ。

江崎と最後に会ったのは、もう五年くらい前。

「久しぶり！　懐かしいなぁ！」

笑顔で話しかけてくる彼は、昔と変わっていなかった。少し疲れている印象は受けたけれど。

こちらも笑顔で握手を交わし、再会を喜んだ。

私は江崎の後ろにいる彼女に対して、軽く会釈をした。しかし彼女は無視。愛想のない人だなと思った。

「なに？　今日は休み？　最近は何やってんの？」

お互いの近況を話し合っている最中、彼の表情が曇っていくのを感じた。「何かあったのか？」と訊ねると、こう答えた。

「ちょっと、な……まぁ因果応報っていうか、俺が悪いんだけど……よかったら相談に乗ってくれないか？」

「あぁ、勿論構わないけど……どうした？」

「いや、今はちょっとさ……」

後ろの彼女に聞かれたくない話なのかなと私は思った。

「だったら電話やメールにしよう。そういえば携帯替えたから番号も変わってるんだ。教えるよ」

赤外線で番号とメアド交換を行い、その場は解散する事にした。

「ありがとう。んじゃ、連絡するから」

「分かった、待ってるよ」

──連休の最終日。深夜になって江崎からメールが来た。

確認すると、内容は〈江崎だけど、ちゃんとメール届いてるか？〉という簡単なもの。

届いてるよ、とだけ文章を打つのも何か味気ない気がして、私は少し文字を埋める事にした。

〈大丈夫、ちゃんと届いてるよ。それよりも、いつの間に彼女なんか作ってたんだよ？

原付の二ケツはやめときなよ？　減点や罰金はキツいぞー〉

送信すると、五分くらいして再びメールが来た。こんな内容である。

〈は？　彼女？　二ケツ？　何を言ってるんだ？〉

……私は眉根を寄せた。そして、すかさずメールを返す。

〈いや、だからこの前会った時。彼女と原付二ケツしてたじゃないか〉

メールはすぐに返ってきた。

〈いや、俺は一人だけだったけど……何の話だ？〉

……背筋に冷たいものが駆け抜けた。

本人は、あの時一人だけだったと言う……ならば自分が見た、あの女性は何だったのか……。

気にはなったが、友人を怖がらせる必要はないと考えて、それ以上追及はしなかった。

二〇一二年九月某日

〈ごめん、勘違いだった〉とメールすると、江崎は〈勘弁してくれよ〉と返す。

〈それはそうと、相談って何？〉

話を切りだすと、彼は〈長くなりそうだから電話かけていいか？〉と聞いてきた。

了承すると、すぐに電話がかかってきた。

『悪いな、他に相談できる奴がいなくてさ』

「どうしたんだよ？　何があった？」

『ちょっとさ……うん。俺、実は彼女がいるんだけどさ』

彼女……その言葉を聞いて、自分の中で再び嫌な予感が走った。

『魔がさしたっていうのかな……俺、実は二股かけちゃってさ……。それがきっかけで、彼女の様子が激変しちゃったんだよ。鬱とヒステリーを繰り返して……パニック障害っての？　よく分かんないけど。それで、もう一か月くらい連絡が取れないんだ。勿論、浮気相手とは完全に関係を切ったけどさ』

「何やってんだよ……彼女からしてみれば、ほとぼりが冷めるまでほっておいてくれって事じゃないの？」

『俺もそう思った。最初の内はな。でもこのままではいけないと思って、彼女の実家へこの前行ってきたんだ』

二〇一二年九月某日

「ちゃんと話はできたの？」

『いや……実家にもいなかった。それどころか、会社も無断欠勤していたみたいでさ……彼女の両親も、すごく不安になってて……警察に捜索願いまで今は出しているんだ……』

「……傷心旅行、という事はないかな？」

『二人で前に東京へ行った事があった。彼女はいつも旅行へ行く時に持ち歩くカバンがあるんだけど、それは部屋に置きっぱなしにされてたらしい……』

そうなると、もはや嫌な考えしか浮かばない。

傷付いた彼女は、自殺できる場所を求めて旅立った……。

そして、僕があの時見た原付後部座席の女性が……彼女の霊だったとしたら……。

彼女の特徴を聞く事はできなかった。

一致してしまう事が怖かったのである。

そして、もう一度江崎と出会った二日前を思い出す。

……あの時、自分は違和感を抱いたのだ。

普通、バイクで二ケツを行う時は運転している人の肩や腰に手を回すものだろう。

しかし、あの時に見た女性は違っていた。

江崎の後ろから……両手で首を掴んでいたのである。

会釈をしても無視されたのだって、今となれば納得がいく。

ニケツでノーヘルメットにも拘わらず、他の人達が誰も訝しげな顔をしていなかった事にも合点がいく。

……ちゃんと、この事を話すべきだろうか。

いや、話した所で何になる？　余計に彼を苦しませるだけじゃないのか？

浮気の報復と考えれば、当然の報いかもしれない。

だが人生において一度や二度くらい過ちを犯すものじゃないだろうか。

彼は今、十分に反省をしている。そして後悔をしている。

これ以上、傷口をえぐるような真似はしたくない……。

そう考えた自分は、やはり何も言えなかった。

「……早く彼女が見つかるといいな」

気休めにもならない言葉だったが、彼は『話を聞いてもらえて、少し楽になった』と答えた。

……彼女は今、どこにいるのだろうか。

そして……生きているのだろうか。

心のどこかで心配しながらも一か月近くが経過した頃——再び、江崎からメールが来たのである。

〈あの時はごめんな。彼女、無事に見つかったよ〉

文章を読んだ時、ほっと胸を撫で下ろした。

〈よかったな。心配していたから、本当によかった〉

そう返事すると、すぐに二通目がやってきた。

〈他県で一人でいたのを警察が保護して、今はこっちの病院にいる。やはり自殺を考えていたみたいで、死に場所を選んでいたらしい。でもさ、何か気になる事を言っていたんだよな〉

気になる事？　一体何だろうか？

〈見舞いに行った時……改めて謝りに行った時って言ったほうがいいのかな。心配したんだぞって話をしたんだよ。だから、つい全然会えていなかった友達に相談しちゃったんだと言ったらさ、彼女がこっちを向いて、こう言ったんだよ………。

――アァ、アノ眼鏡ヲカケテイル人？

俺の友達で眼鏡をかけている奴なんて、トシしかいないしさ。知り合いなのかって訊ねたんだけど、何も答えてくれなかった。何？　どっかで会った事あるのか？〉

……携帯を持っていた手が、微かに震えている事に気付く。

やはり自分が見たのは、彼女だったのではないか？

それが生き霊だったのか、単なる自分の見間違いなのかは分からない。だけど……。

これ以上、彼らに関わる事が得策ではないと考えた自分は、決別の意味も込めたメールを送った。


〈お幸せに〉

電話ボックス

当事者である友人が掲載を許可してくれた事に感謝します。


書店員としてゴールデンウィークの激務から解放されたある日。私は小説サイト内の友人から勧められ、心霊スポットを巡っていた。

向かったのは山口県某所。聞いた話だと、山の中に古びた廃墟がぽつりと建っており、そこで霊が目撃されるらしい。

物見遊山気分で同行してくれた松井（仮名）は、今までに一度として恐怖体験をした事がなく、できる事なら霊を見てみたいと楽しみにしていた。

松井の車にカーナビなどという高級なものは付いておらず、山口県の地図を見ながら問題の廃墟があるという山へ進んでいく。

「ここで間違いないのか？」

「噂程度の情報だから、分からないな。もしかしたら違う山なのかもしれないし」

松井を車に残して、山中を歩き回ってみるが廃墟など見えない。

「どう？　あった？」

「いや、全然。なんにもない」

「別の場所に向かってみるか。現地の人から情報を聞いてみようぜ」

数人に話を聞いてみるが、返す言葉は同じだった。

「廃墟？　知らないねぇ……霊が出るって話も聞いた事がないよ」

その後も、いくつかの山を散策してみたが見つからず。気が付けば辺りは暗くなっていた。

「しょうがない。こういう事だってあるよ。美味しいものでも食べて帰ろう」

そう促すと、松井は悔しそうな顔をする。

「ちぇー、超楽しみにしていたんだけどなぁ、廃墟。話してなかったけど、俺って廃墟マニアな部分があって」

「はいはい。その話は飯屋でゆっくり聞かせてもらうから」

「山口の特産物といえば、やはりフグじゃないか？」

「そんな金がどこにあるっていうんだよ……」

心霊スポットこそ見つからなかったが、食べ物は美味しくて私達は十分満足していた。

飲食店を見つけるのに時間がかかり、更に「ゲーセンに行きたい」と松井が言いだしたのでゲーセンを見つけるのにも更に時間がかかり……気が付けば時間は二四時を過ぎていた。

「ついつい長居しちゃったな。でも格闘ゲームのランキングは俺の名前で埋め尽くしてやったぜ」

「こっちはUFOキャッチャーで、かなりお金使っちゃったよ……やるんじゃなかった」

ふと外を眺めるが、真っ暗で何も見えない。畑ばかりで民家もないのだろう。

「帰り道、ちゃんと分かってる？」

「方向オンチのトシと一緒にしないでくれ」

闇の中を突き進む自分達の車。そんな時——遥か遠くで、ぽつりと何かが光っているのが見えた。

「ん？　ありゃ一体、何だ？」

前方の光を見ながら松井が言う。自分も見てみるが、それが何なのかは分からない。

「それこそUFOだったりしないよな？　なんか、点滅してるけど」

「そんなバカな」

車は少しずつ光に近づいていく。すると、なにやら四角い物体である事に気付いた。

「あぁ、ありゃ電話ボックスだな。何だよ、期待させやがって」

「こんな何もない所に電話ボックスっていうのも、変わってるね」

「何もないからじゃないか？　こんな民家もない所で車が故障したら、どうしようもないぞ」

確かに、と思った。試しに自分が持っていた携帯電話を取りだすと、画面に『圏外』と出ていた。

車は、更に光……電話ボックスへと近づいていく。すると松井が真剣な声でボソリと呟く。

「…………おい、何か変だぞ」

「変って、何がさ？」

「あの電話ボックス……誰かが入ってる」

別に電話ボックスを利用している人がいても、おかしくないだろと思いながら前方に目をこらす。

確かに……中に誰かがいた。自分は視力が悪いので、それが男性なのか女性なのかまでは分からない。

しかし松井には、しっかりと『それ』が見えているらしく……急にアクセルを踏み込む！

「ちょ……！　おい、危ないって！　どうしたんだよ!?」

「……何なんだよ……！　何なんだよ、あれ……！」

様子が明らかにおかしかった。猛スピードで進む車は、どんどんと電話ボックスに近づいていく。

ここまで近づけば、さすがの自分でも中の人を確認する事ができた。

若い女性、だった。更に自分は、その女性と面識がある事に驚いてしまう。

彼女の名前は河野。半年近く前、体調不良で欠勤する事が多かった河野さんはメールで「辞めます」とだけ告げてお店に来なくなってしまった。身体の弱そうな彼女には立ち時間の多いレジは辛かったのかも知れないとか、バイトをする事に親の反対を受けたなど様々な憶測が飛び交ったのを思い出す。

そんな彼女が何故、こんな田舎道の電話ボックスにいるのか。

そして自分は松井が言っていた『変』という意味に気付く。

河野は電話ボックスの中からバンバンと拳を打ちつけていた。目を大きく見開いて、こちらを見ながら。

一瞬思ったのは、電話ボックス内に入ったものの、扉が開かなくなっているのではないかという事。

実際に河野は「助けて」と言っている感じがした。

「助けを求めてる！　何かあったんだ、車を止めよう！」

松井に告げるが、一向に車の速度は落ちない。

「松井!?」

松井の様子は急変していた。顔面蒼白となり、額には汗の玉ができている。カチカチと小さく聞こえる音は、彼の歯が鳴っている音なのだろう。

「なんで……！　あんなのが……沢山……！」

何を言っているんだ……？　そう思った自分は、再び前方の電話ボックスを見る。すると——。

見えてしまった。電話ボックスを囲むようにして回っている……数人の女の子の姿が。数は四、五人。全員が紅い着物のようなものを着ていて、髪は短く切りそろえられている。市松人形……そう形容するのが、一番分かりやすいかもしれない。

子供達は、ぐるぐると電話ボックスを囲んで回り続けている。その中心には、助けを求める河野の姿……。

異様だった。現実にいながら、まるで悪夢の中にいるような感覚に陥ってしまう。

「……んだよ……！　なんで……聞こえて……！」

尚も意味不明な言葉を続ける松井に対して、自分も「車を止めろ」とはもはや言い出せなかった。

車は猛スピードのまま電話ボックスを通り過ぎていく。時間にして、どれくらいかは分からない。完全に電話ボックスの姿が見えなくなって、ようやく車は止まった。

「……松井……大丈夫か……？」

「……………ああ……」

項垂れる松井に声をかける。自分の身体が汗ばんでいる事にも、ようやくここで気付いた。

「何だったんだろうな……さっきの、あれは……」

聞かれたが、分かるはずもない。ただ、電話ボックスの河野を置き去りにしてしまった罪悪感だけが残る。

「絶対、あの子供……この世のものじゃねぇだろ……ありえねぇよ……！」

確かに、こんな深夜に子供達がいる事自体ありえない。ましてや着物姿である。

カラカラに乾いた喉で唾を飲み込み、自分は松井に言った。

「……やっぱり……ほっとけないだろ……戻ろう……さっきの、電話ボックスに……」

「正気かよ⁉　俺達までどうなるか分かんねぇぞ⁉」

「……電話ボックスの中にいた女性、知り合いかもしれないんだ……確認がしたい。車は離れた場所に止めておいてくれればいい。自分だけで……行くから……」

「……マジかよ……」

大きな溜め息を漏らして、松井は車をUターンさせた。さっきとは、うってかわった安全運転で進んでいく。彼の気乗りしない心境が現れているようだ。

「……そろそろ、だぞ……」

その言葉とほとんど同時に、前方に小さな光が見えた。

「何か見えるか？」と訊ねると「流石に、この距離からは何も」と答えてくれた。

「……よし。じゃあ、ここで待っていて欲しい。万が一、だけど……一時間程して戻ってこなければ、警察を呼んで欲しい」

「あ、ああ……分かった……」

車から降りる自分。光に向かって闇を進んでいく最中、ここが死後の世界のように思えた。

数分ほど歩き、ようやく自分の目でも電話ボックス内が分かる場所までやってきた。

「……誰も……いない……？」

小さな子供達の姿はおろか、河野の姿も消えている。

自力で脱出して、逃げたのだろうか。だとすると、自分が来た道の逆方向へ河野は向かった事となる。

「…………………」

おそるおそる、電話ボックス近くまでやってくる。蛍光灯が切れかかっているのか、時折点滅を繰り返す。

（大丈夫だ……大丈夫だ……大丈夫……大丈夫……！）

自分にそう言い聞かせながら、電話ボックスの扉に手をかける。すると意外にも、あっさりと扉は開いた。

（……なるほど……これでは電話で助けを呼べないよな……）

そっと、電話受話器を手にして耳にあてる。

もしかしたら不気味な声でも聞こえるのではないかと思ったが、そうではなかった。

無音、である。お金を入れてないからかと、試しにポケットの小銭を投入するが、やはり無音。

（金も戻ってこない……故障……してんのかな……）

電話ボックスに入って周りを見渡し、思わずぎょっとした。

外からだとまるで気がつかなかったが、中に入ってようやく分かる。

自分の足元……電話ボックスの下辺りに無数の小さな手の跡が残っている事に。

これ以上、この場に止まらない方がいい。

直感的にそう思った私は、電話ボックスから離れて目をつぶり、合掌を行った。

焦って松井が警察を呼びに行っては大変だと、急いで車のある場所へ戻る。

扉を開けると、松井は大声で「ぎゃぁ！」と悲鳴をあげた。

「とっ、ととと、トシか！　な、何だよ、驚かすなよ！」

「そんなつもりはない。とりあえず、車を出そう」

「わ、わわわ分かった！」

急発進で車を動かす松井。そして訊ねてきた。

「女の人は、どうだった⁉　あの子供達は⁉」

「どちらもいなかった。無事に逃げおおせたのか、それとも……」

「ど、どっちも……幽霊だったか……だな……」

「でも、マジでビビッた……本当に幽霊が見れるとは、思ってなかったからさ……！　つか、あの唄って何だったんだろうな？」

「唄？」

「は？　聞こえただろ？　電話ボックスに近づいていた時から、ずっと……」

全然聞こえてなどいなかった。どんな唄だったんだ？　と訊ねると、松井は誰でも知ってる唄の名前を口にする。

「かごめかごめ、だよ」

かごめかごめ……確かに誰でも知っている有名なわらべうたである。

その時は、子供の霊が歌っていたのかなくらいしか考えていなかったが……。

この話を書き記すにあたって調べた所、どうやらそんな簡単な話ではなかったようだ。

かごめかごめの真相は、いくつもある。だが自分が気になったのは……。

かごめかごめ
妊婦のこと。籠女（かごを抱く姿が妊婦と酷似している事から）。
籠の中のとり～は
お腹の中にいる赤ん坊のこと。
いついつでやる
出産を楽しみにしている妊婦の心境。
夜明けの晩に鶴と亀がすべった

鶴と亀は母親と胎児を意味し、高い場所から転落する事を意味。

後ろの正面だあれ
転落中に振り返ると、そこには子供を産ますまいとする何者かの姿があった。

……思い返してみれば、電話ボックスにいる河野の恰好はワンピースだった。

お腹に子供がいたかどうかは定かではないが……もし、そうだとしたら……。

もし、あなたの住んでいる場所に電話ボックスがあるのならば、中に入る事はお薦めしない。

小さな無数の手形が、足元についているとも限らないから……。

初めての友達

大学に入って一番最初に仲良くなった男の名は片瀬（仮名）といった。

入学式に出会い、それからほとんど毎日のように遊んでいたのだが、彼との付き合いは一ヵ月ほどしかない。だから正直、おぼろげにしか顔を思い出す事ができないでいる。

彼は時折、ひゅぅひゅぅと喉を鳴らす事があった。苦しそうにしている時もあったので心配して声をかけると、首を傾げながらこう言うのだ。

「大学に入ってから、どうも調子がおかしいんだよな。喘息にでもなったのかもしれない」

「病院に行って診てもらったらどう？」

「いや、大丈夫。病院嫌いだし、お金かかるし」

本人が大丈夫というのだから大丈夫なのだろうと、それぐらいにしか思っていなかった。

だが、その原因が喘息などではない事に、僕は片瀬本人よりも早く気付く事となる。

ある日、片瀬が言った。

「田舎だと、なかなか遊ぶ所がなくてつまんないな」

どこ出身なのかは聞いた事なかったが、方言も出ていないし口ぶりからして都会の人間なのかなと思っていた。

「毎日ゲーセンばっかでも飽きてきたし……俺んチで遊ぼうぜ」

片瀬の住むアパートは大学から少し離れた場所にあるらしい。本当はもっと近くで綺麗なマンションにしたかったが、親に無理を言えなかったと呟く。

「家に行くのはいいとして、何かあるの？」

「ゲーム機があるから対戦しようぜ」

「結局はゲームなのかよ」

そんな話をしながら三十分くらい歩いていく。すると程なくして目的地であるアパートに到着した。

「このアパートの二階右端が俺の住んでる所だよ」

お世辞にも綺麗とは言えないアパートだった。築三十年は経過しているだろうか。建物には蔓のようなものが所々に巻かれており、郵便受けも錆ついた上にボコボコになっている。

だが、それよりも自分が気になったのは……そのアパートから漂う不気味な雰囲気だった。

（何だ、ここ……気持ち悪い……）

思わず顔をしかめてしまい、それを気付かれない様にする。本音を言えば、ここで引き返したい気持ちだったのだが……。

（初めてできた友達だし、気分を害させるのもな……長い付き合いになると思うし……）

そう考えて、アパートの中へ邪魔する事にした。

今にすれば、その時の直感を信じていれば、怖い思いをする事もなかったのに、と思う。

部屋に入った瞬間、僕は気付いた。

アパートから漂う不気味な雰囲気——それは、この片瀬の部屋から放たれている、と。

部屋自体は外装と違って非常に綺麗だった。壁も白く窓も大きいので実際の八畳より広く感じる。それなのに、息苦しさと背筋がビリビリと痺れる感覚が先程から自分を襲っていた。

（この感じ……何だ？　視線を浴びているような……）

当然ながら、この部屋には自分と片瀬しかいない。誰かが隠れるとすれば浴室内かトイレ、そして……。

「あれって、何？」

部屋の一角に置かれたタンスのようなものを指さす。一畳分を占領しているそれは、年代もので高そうな印象を受ける。

「前の住人が置いていったらしいよ。自由に使っていいと言うから、利用させてもらってるのさ」

観音開きの要領で扉を開けると、中には片瀬の私物である洋服や小物などが押し込まれていた。

(この中に人が入るのは無理だな……物が多すぎる)

片瀬はバンバンとタンスを叩きながら、自慢げに言い放つ。

「最近は家具家電付き物件とか流行ってるだろ？　部屋は多少狭くなるけど重宝してるんだ」

「……そっか、なるほど」

一応、念のために片瀬に訊ねてみる事にした。

「ここの家賃って、いくら？　二階の角部屋だし、値段が上がったりしているの？」

「いや、どうだろう。親が払ってくれているからさ、詳しい事は知らないんだ」

その時思ったのは、この部屋が訳あり物件……いわゆる【事故物件】ではないのかという事だった。

この部屋で自殺や事件などが起こっていた場合、不動産会社側は事前に「何があったのか」を告知しなければならない義務がある。しかし「どこまで告知すべし」という線引きや決まりは存在しないし、もし事故や事件から十年以上が経過している場合は告知自体する必要もなくなったりする。

更に日本は「幽霊」という存在を公に認めていないので、ここで不可思議な現象が起こったとしても事故物件には該当しなかったりするのだ。

「突っ立っていないで、座れよ。今、飲み物いれっから」

「あ、あぁ……お構いなく」

気にし過ぎなのかもしれない……そう思った自分は軽く頭を左右に振って、余計な事を考えないようにした。

——そして夕方頃。対戦ゲームも一段落して、自分達は夕飯調達のため、弁当屋へ向かう事に。

「春だってのに、まだまだ夕方は寒いな！」

身体を丸めながら片瀬が話しかけてくる。

「ちょっと薄着すぎるんじゃない？　見てるこっちが寒くなる」

「いいんだよ、弁当買って帰るだけなんだから。……おっと」

外を少し歩いた後、片瀬が急に自分のポケットをまさぐり始めた。

「悪い、財布を部屋に置いてきちまった。取りに行ってくるわ」

「何やってんだよ。んじゃ、ここで待ってるから。急げ急げ」

猛ダッシュで自分の部屋へと戻っていく片瀬。そして僕は、ふと片瀬の部屋に視線を向ける。すると——。

（…………ん？）

部屋の窓に人影が立っているのが見えた。もう部屋に到着したかと思ったが、それにしては早すぎる。

そして何より……シルエットが女性のように思えた。目が悪いのでハッキリとは分からないが、髪も長いような……。

（え？　あそこって片瀬の部屋の窓に間違いないよな？　じゃあ、あれは……誰だ……？）

影は、じっとこちらを見つめているように感じた。ぞっと背筋に冷たいものが走る。

すると突然、眩暈が起こった。立ちくらみのような感覚がして、思わずその場にしゃがみこむ。

「——おい、トシ？　何やってんだ、そこで。大丈夫か？」

声が聞こえた。ようやく焦点が定まってきて顔をあげると、目の前に片瀬が立っていた。

「……片瀬？　お前、財布は……？」

「は？　もうとっくに取ってきたっつの。そしたら、お前がずっとうずくまって動かないからさ」

「ずっと……？　どれくらい？」

「そんな事分かんねぇよ。でも俺は猛ダッシュで戻ってきたからな。二、三分てトコじゃないか？」

「……そっか……」

立ち上がり、再度片瀬の部屋の窓を見る。そこに人影の姿は、なかった。

――夜になっても、不気味な感覚は消える事がなかった。いや、むしろ強くなっているようにすら感じる。

そして時折、不思議な匂いが漂っている事にも気付く。嫌な匂いなどではないし、ずっと香っているわけでもないのだ。例えるなら、街中で女性が通り過ぎた後の残り香のようなな……。

「片瀬って、香水つけたりしてるの？」

テレビでお笑い番組を見ながら爆笑している彼に向かって訊ねてみた。

「あはははは！　絶対バカだ、こいつら！　……え？　何？　香水？　つけてねぇよ、そんなの」

「たまになんだけど、この部屋っていい匂いしたりしないか？」

「そういえば……でも街中歩いてても、なんかいい匂いする時ってあるだろ？　キンモクセイだっけ？　あれとか。それか近くに住んでる家のヤツが花でも育ててんじゃねぇの？　風に乗って香りを部屋に運んでくるんだ。おっ、俺ってロマンチック」

キンモクセイは秋に咲くと思うので季節的にありえない。そして片瀬の部屋は僕が来てからずっと窓を閉めっぱなしだ。

（一体何なんだ、この匂い……）

とにかく不思議な感じが多すぎる。腕時計をチラリと眺めて、そろそろお暇しようと僕は考えた。

「んじゃ、帰るわ。また明日、学校で」

そう告げると、片瀬は驚いた表情をした。

「なんでだよ、いいじゃんか。なんなら泊まっていけよ。もっと遊ぼうぜ」

「いや、でも………」

「いいだろ!?　なぁ、泊まっていけって！　なぁ！　なぁッ!!」

片瀬が寄ってきて、両肩を掴んでくる。間近で見る彼の眼は瞳孔が開いていて、まるで――。

まるでそう、何かにとり憑かれているかのようだった……。

片瀬の鬼気迫る雰囲気に自分は首を横にふる事ができず、その不気味な気配のする部屋で一泊する事となった。

わざわざアパートの大家さんに片瀬は連絡を入れて布団を借り、ベッドの横で僕は眠る事になった。大家さんもいい人なのか、夜遅いというのにも拘わらず嫌な顔せずにこちらの要望を聞いてくれた。

「俺が床で寝てもいいんだぞ？　お客さんなんだから」

「さすがに気が引ける。大丈夫、全然寒くないし」

その後、片瀬は「おやすみ」と告げて電気を消す。狭い空間は闇と静寂に支配される。

さして眠くもなかったはずなのだが、すぐに睡魔がやってきた。まどろみの中、現実と夢の世界を彷徨っていると――

ぴしり、と身体に電気が走ったような感覚。これは、まさか……と自分は思う。

似た経験をした事は何度かあった。試しに指を動かそうと試みる。しかし……動かない。

（金縛りか……！）

ツイてない、と舌打ちをしたかったが口は動かない。だが、聴覚は通常に機能しているようだ。自分の横から、ひゅうひゅうという音が聞こえている。

片瀬は眠っている時も、喘息で苦しんでいるんだなと思った。気の毒になと思いながら瞼に力を入れると、目が開く。

(おぉ、眼だけは動かす事ができるのか)

枕が若干高いせいか、部屋の様子がほんの少しだけ分かる。眼球を下へ移動してみた時、僕はある異変に気付いた。

(……何だ……? どうしてタンスの扉が開いているんだ……?)

眠る前に片瀬がタンスの中からジャージを取りだしているのは見た。だが確かに彼は扉を閉めたはず。

古いタンスだから、扉が勝手に開いてしまったのだろうか。しかし眠る前までは、そんな事など一度も起きなかったのだが。

尚も続く、ひゅぅひゅぅという音。いや、先程よりも息苦しそうに自分は感じた。

喘息の事は分からないが、このまま放っておいたらまずいのではないか? そう思った僕は視線を横にずらした。そこには……。

女が、いた。

髪の長い女が、眠っている片瀬に乗っかるようにして、座っていたのだ。

(――――な……ッッ!?)

叫び声が出そうになったが、口が動かない事が幸いする。女は両手で片瀬の首を絞め上げていた。呼吸ができなくて苦しいのか、片瀬からひゅぅひゅぅという声が漏れている。

(喘息……なんかじゃなかったのか……!)

身体は動かずとも、背筋が震えるのが分かった。恐怖感と、片瀬を助けなければという焦りで頭の中は混乱する。

(くそっ! どうすれば……! どうすれば……!!)

女は、こちらの気配に気づいたのだろうか。急にぐるりと首を回転させ、床に眠る自分へ目を向けた!

前髪が長すぎて顔までは確認できない。闇のせいというのもあるだろう。だが確かに分かるのは――女がこの世のモノではないという事。

女は片瀬の首から手を離すと、ゆっくりと身体を起こしていった。

(やばい……! やばいやばいやばいやばい!!)

このままでは、自分は殺される……! そう思った時、突然意識がブツリと途切れた――。

飛び起きるようにして目覚めると、辺りはすっかり明るくなっていた。

薄手のカーテンから差し込む朝日に目を細めながら、自分が無事である事を確認する。

ふと、横のベッドに目線を向けた。しかしそこには片瀬の姿がない。嫌な予感が走り、慌てて起き上がろうとすると……。

「おはよう。早いんだな」

トイレの扉が開き、片瀬が姿を現した。その顔を見て、ホッと胸を撫で下ろす。

「歯ブラシ、新しいのあっから。それ使えよ。タオルは、そこにあるヤツな」

「……ああ、ありがとう。それより、片瀬」

「ん？　何だ？」

「昨日……というか、最近かな。おかしな様子はないか？　身体の調子とかさ……」

「別にいつも通りだけど。なんでそんな事を聞くんだ？」

「……いや、何もないならそれでいいんだ」

もしかしたら、自分の見た夢だったのかもしれない。この部屋が何か気持ち悪いと感じるのは事実だが、住んでいる当の本人が何もないと言っているんだ。考え過ぎ、気のし過ぎなのだろう。

「顔洗う。悪いな、変な事言って」

「おかしなヤツだなぁ」

笑っている片瀬の横を通り抜けて洗面所に向かおうとした時、僕はある事に気付いた。

片瀬の首筋が、激しく絞めつけられた後のように真っ赤になっていたのである。

この部屋で何かがあったのは間違いない。恐らく自分の夢ではないだろう。

何者かに見られているような視線を感じて、ぞくりと背筋が震える。そして、そこには例のタンスがあった。

……片瀬、あのタンスはすぐに捨てるなりしたほうがいい。

お前は夜中、不気味な女の霊に首を絞められているんだぞ？

忠告しようかとも思った。しかし自分は、それができなかった。

——それから数か月後。自分は、ゆー君やヤマさんといった新しい友達と一緒に過ごす事が多くなり、いつの間にか片瀬とも会わなくなっていた。


そんなある日、学校の食堂で昼食をしていた時に隣に座っている学生の声が耳に入る。

「——いやいや、マジなんだって。俺はあの時、生まれて初めて幽霊っての見たんだって。マジでビビッたし！」

「友達の家に泊まりに行ったら、その友達に乗っかるように女の霊が？　ははっ、よくできた話だな」

「信じてねぇのかよ！　ちっくしょー……！」

それを聞いた瞬間、僕は驚きの余り立ち上がってしまった。気が付くと、その会話をしていた学生の元まで足が動いていた。

「さっきの女の霊の話……ちょっと聞かせてくれない？」

「え？　あ、あぁ。別に構わないけど……」

「その霊が出たっていう友達は、どこに住んでいるんだ？」

「大学からちょっと離れた所で、住所は確か……×××だったかな。すごい錆びれたアパートだよ」

――間違いない。片瀬の住んでいるアパートである。

「二階の一番端の部屋でさ。いかにも出ますよ的な不気味な所だった」

「……そこに住んでる学生って、片瀬ってヤツじゃないか？」

「えっ⁉　片瀬を知ってるの？　何だ、そうだったのか」

「アイツは今、何してるんだ？　最近全然学校で会わないけど」

「そりゃそうだろうな。片瀬、なんか体調が悪くなってしばらく入院していたみたいなんだけど。風の噂だと大学も辞めたって話だぞ」

……片瀬が、大学を辞めた……？

「それで、片瀬の部屋に出た霊ってのは……」

「そうそう、それだよ！　いやぁ怖かったな。あんな体験したのは初めてだよ」

「でもさぁ、幽霊が道具なんか使って人間を襲ったりするのかよ？」

「…………道具？」

隣にいる別の男が、口を挟んできた。思わず聞き返してしまう僕。

「夜中に不気味な女の霊が現れてさ。片瀬の身体の上に乗っかってんだよ。手には、ノコギリみたいなのを持っててさぁ……。眠っているアイツの首を、ギコギコやってんだよ！」

……ノコギリ……!?　自分が見た時には、素手で首を絞めていたはずなのに……。

「気付いたら朝になっててさ。片瀬にその事言ったけど全然信じやしねぇの。んで、ヤツの首筋を見たらさぁ……ミミズ腫れっての？　真横にビッシリと線ができてた。あれ見た瞬間、もう何も言えなくなっちまったよ」

（……片瀬……！）

やはり自分はあの時、片瀬に忠告すべきだったのだろうか。

いや、仮に忠告をした所で片瀬は部屋を出る事などしなかっただろう。

話を聞いた後、記憶を頼りに片瀬の住んでいたアパートへ向かった。

不気味な雰囲気はそのままに、あの時の嫌な思い出が蘇る。

二階に進み、端の部屋へ。試しに扉を叩いてみるが、反応は返ってこない。

「そこは今、空室になっとるよ」

外で掃除をしていたらしい年老いた男性が、一階から声をかけてきた。

「前に友達が、ここの部屋に住んでいたんですけど。いつから空室になったんですか？」

「ここ最近の事じゃったと思うがね。引っ越し業者が来て、荷物を運び出しとったわ」

「……あの、その運び出されていた荷物の中に——大きな古びたタンスはありませんでしたか？」

「大きなタンス？　さぁのぉ、暇じゃったから一部始終を眺めとったが……そんなモンは気付かなんだなぁ」

「…………そうですか。ありがとうございます」

もしかしたら、この部屋にはまだタンスが残されているのではないだろうか。

そして新しく入る事になる住人は、片瀬と同じ目に遭いはしないだろうか……？

帰り際、誰かに見られているような感覚が走った。

あえて気付かないふりをして、振り返りはしなかったのだが、恐らく……。

あのアパートの一番端の部屋……その窓から……髪の長い女が、こちらを見つめていたのだと思う。

——最近、住む場所を変えたという人もいるだろう。

それに伴って、どうも体調が悪い、咳が出るという人はいないだろうか。

そして……古びたタンスが置かれていた、なんて事は……？

もしも当てはまる事があれば、気をつけてください。多分、それはきっと——。

さしてくれ

書店員として二、三年が経過した頃の話だ。

その頃私は、スタッフリーダーとして新人教育などを行っていた。

ある日、バイトの桂木さん（仮名）が数週間ぶりにお店へ姿を現した。

彼女は大学生で接客態度もよく、明るい性格からムードメーカーとして皆に慕われていたが、長らく休んでいたのだった。

遅刻はおろか病欠すらした事のなかった桂木さんが数週間も休むというのは、よほどの事があったのだろうと皆は噂していた。

店長に彼女の休む理由を聞いてみても「家庭の事情」というだけで詳しい事を教えてくれない。

そんな彼女が、姿を現したのだ。真っ青な、憔悴しきった顔をして。

目にはひどいくまができており、明るかった彼女の面影は、消えうせていた。

制服も着ておらず、私服だったので彼女に直接何があったのか問いただすことにした。

桂木さんは深々と頭を下げて、こう言った。

「私、このバイト先を辞める事にしたんです。近々、お婆ちゃんの実家がある茨城に引っ越す予定です」

大学を中退までして引っ越すとなると、只事ではないだろう。

「おせっかいかもしれないけど、何があったの？」

「…………」

「桂木さんの新人研修を行ったのも自分だし、妹のように感じていたぐらい何だ。ほっとけないよ」

「…………」

「もうすぐバイト終わるから、お茶でも飲みながら事情を聞かせてくれないかな？」

私の言葉に、桂木さんは俯いたまま小さく「…………はい」と答えてくれた。

コーヒーショップへと場所を移し、私は桂木さんから話を聞く事にした。

「それで、一体何があったの？」

彼女は頼んだ紅茶に一切口をつけず、俯いたままで語り始めた。

「……あの日、私はバイトが終わって家に帰る途中だったんです。私の家はバス停から十分ほど歩いた場所にあるんですけど、田舎だからか夜は人通りも少なくて……」

この時点で、少し「おかしいな」と思った。彼女の休んでいる理由は家庭の事情だと聞いていたからだ。

「いつもの帰り道を通っていた時です。急に、何か……呻き声のようなものが聞こえてきて……」

「……呻き声？」

「そうです……猫が鳴いているには低すぎるし、物音にしては少しおかしい気がして、何だろうと思いました……だから私、思い切って声が聞こえてくる所へ向かったんです……」

「……そこに、何があったの？」

桂木さんは思い出したくもない記憶を思い出したのか、それとも涙を隠すためなのか……両手で顔を隠しながら答えた。

「……人……でした……手足がおかしな方向に曲がった……血まみれの……男性、でした……。思わず悲鳴が上がりそうだったんですけど、なんとか思いとどまる事ができました……でも私は、恐怖のせいで腰が抜けてしまって……その場にしゃがみこんでしまったんです……」

「…………」

何も言葉が出てこなかった。できる事といえば、ただ黙って彼女の話に頷くのみ。

「男性は……ビルの上から飛び降り自殺を図ったようでした……顔が変型していて……それはひどい状態でした。地面には血だまりができていたようですけど、月の明かりしかなかったのでよく見えませんでした。もしちゃんと見えていたら、私は気絶をしていたと思います」

無理もない話だと思った。自分は不幸にも、何度か「そういう現場に」遭遇した過去がある。実際の死体、またはそれに近しい状態の人間を見た時の恐怖というのは凄まじいものだ。トラウマになっても仕方ない。

「……ずっと聞こえていた呻き声……それは男性が発しているものだったんです……最初は何と言っているのか分からなかったんですけど……次第に分かるようになったんです……」

「その人は……何て言っていたの……？」

「…………さしてくれ…………とどめを、さしてくれって…………」

「私は怖くなって、思わず〝ごめんなさい〟って謝りました……すると、その声が聞こえたんでしょうね……。男性のうめき声が、ぴたりと止まったんです……」

「亡くなった……という事……？」

「……私も、そう思いました。でも違ったんです……男性は、私の声を聞いて、血だらけの……折れた手足を引きずるようにして近づいてきたんです……」

「…………」

「男性との距離は、少しずつ近づいて……恐怖で私も頭の中が真っ白になって……そこでようやく、意識が途切れたんです」

「気絶した……って事かな？」

桂木さんは「……はい」と答えた。

「でも気絶する瞬間に、その男性の声が聞こえたんです。ずっと〝さしてくれ〟としか言ってなかったんですが……あれは、きっと……」

「……きっと……？」

「…………あ……いえ……なんでもありません…………」

「……気が付くと、私は病院のベッドにいました。後から話を聞くと、たまたまランニング途中の人が倒れている私と血だらけの男性を見つけて……すぐに一一九番通報したみたいです……」

「……そうなんだ……」

「男性は……亡くなっていたらしいです。地面に顔を突っ伏したまま……」

カランと、一口も飲んでいない自分のコーヒーに入れられた氷が動いた。

「……そっか……そんな体験をしてしまったら、バイトどころじゃないよね……」

「……それだけじゃないんです」

桂木さんはハンカチを取りだすと、涙を拭いながらさらに告げた。

「……その後、警察の人が来て……話をされたんです……亡くなった男性の事……」

「事情聴取って事かな……？」

「いえ……違います」

はっきりと、自分の言葉を彼女は否定する。

「ビルから飛び降り自殺した男性……あの時は気が動転していたし、暗かったし、男性の顔だってぐちゃぐちゃだったから分からなかったんですけど……その男性……私の、父だったんです……」

「…………え……？」

まるで自分達を囲う空間だけが、時を止めてしまったかのような錯覚にとらわれた。

「自殺したのが……お父さん……だったと……？」

桂木さんは、頷いてみせる。

「父は小さな建設会社をやっていたんですけど、経営がうまくいってなかったみたいで……私は知らなかったんですけど……父は、きっとそれを苦に……自殺を……」

「………」

「トシさんには、バイト初日から本当に親切にしてもらって……感謝しています。こんな話、重すぎて誰にも話せないと思っていたんですけど……聞いてもらって、嬉しかったです……」

「……ごめんね。知らなかったとはいえ、辛い事を思い出させるような真似をさせて……」

「いいんです。……あ、そろそろ家に戻らないと。お母さん一人だし、引っ越し準備も途中なので……」

「……そっか。会えなくなるのは寂しいけど、元気を出してね」

「ありがとうございます」

桂木さんは立ち上がり、頭を下げた。彼女が店を出ようとした時、突然振り返ってこう告げた。

「……私が意識を失くす瞬間、聞こえたんです。お父さんの声」

「……何と言ってたの？」

「お母さんの名前でした。私、お母さんの若い頃にそっくりらしいんですよ」

微かに笑顔を見せた彼女は、少し大人っぽい印象を受けた。

——次の日。バイト先へ赴くと仲間達が押しかけて来た。

「トシさん、昨日桂木さんと話をしたって本当ですか？」

「彼女バイト辞めるらしいけど、理由は何だったんですか？　教えてください！」

「遠い所へ行くみたいだし……どういう事なんですか⁉」

「あー……えっと……辞める理由……」

自分は、ぽりぽりと頬を指で掻きながら少し天井を見上げ、

「……家庭の事情、かな」

そう答えておいた。

謎の言葉

二、三か月くらい前に体験した恐怖体験です。
私は仕事が夜勤なので、帰りが二十四時を過ぎる事も少なくない。いつものように原付で住宅地が密集している狭い道を通っていた時の事。

前方にうっすらと赤い光が点灯しているのに気付く。パトカーが巡回しているのかと思い、特に後ろめたい訳でもないのに普段よりも気を遣って走行していると、すぐにそうではない事が分かった。

それは救急車の点滅灯だった。車後部扉は開けられており、ストレッチャーが用意されている。その横へ一人、女性が立っていた。

普段このような現場に居合わせても、私は野次馬をしない。病院へ搬送される当人やご家族の心中を思うと、悪い事をしている気分になるからだ。しかし、この時は違った。

深夜という事もあり、周りに人はおらずフルフェイスのヘルメットをかぶっているのでこちらの顔がバレる事もない。何かあればすぐに原付で現場を立ち去れるという浅ましい考えがあったのだ。

救急車の横へ立つ女性は背中を向けていたので、はっきりとした事は分からないが年配の方という印象。腰が曲がっているというより、がっくりと俯いている感じだった。

なぜ一人だけ立っているのだろうと不思議に思った。救急隊員や搬送者を待っているにしては家の玄関扉は閉まったまま、何よりダウンベストを着こんでいる自分でも寒い気温なのに、その女性は薄着で尚且つ裸足なのである。

それだけ気が動転しているのかなと、少し悲しい気持ちになった。すると突然、その女性が物凄い勢いで顔をこちらへ向ける。まるで物音に驚いた猫のような動き。

私は何となく「マズイ」という気がして、急ぎその場から立ち去った。

背筋が痺れるような感覚。経験上、こういう時は大概良くない事が起こる前触れと分かっていた。

その日、不思議な夢を見た。壁に囲まれた狭い一本道を、ひたすら走る夢。

何かに追われて逃げているような、そんな感じがした。何に追われているのかは分からず、振り返る事もせず只ひたすらに走る。

どこかから声が聞こえた。何と言っているのか分からないまま目覚める。ひどく身体が重く、うっすらと目に涙が溜まっている事に気付く。

体調が優れなかったが仕事を休む訳にもいかず、栄養ドリンクを飲んで支度を行う。

家を出る直前、母親に昨晩の話をしてみた。不気味な女性の事は伏せ、帰り途中の家に救急車が止まっていた事。そこの住人に何が起こったか知らないか訊ねてみる。

母親は、住人について全く知らないという。けれど、ここしばらく毎日のように救急車が出動しているらしい。近隣では年配者も多く、インフルエンザなど体調を崩しやすい時期でもあるので仕方のない事だけどと嘆息してみせる。

やはり自分の思い過ごしだったのだろうか。何となくそんな気持ちになっていた。

深夜、仕事も終わり帰宅している時だった。普段は空いている道なのに数台の車が列を作っていた。

よく見ると遥か前方に一台の車が止まっており、数人の警察官が道路中央に立っていた。すぐに事故が起こったのだと気付く。

一方通行となった道路を少しずつ進んで行く。警官に誘導され、事故現場の横を通り抜けようとした次の瞬間――。

少し離れた狭い駐車場に救急車が停止しているのが見えた。点滅灯が辺りを赤く染める中、一人の年配らしき男性が立っているのに気付く。

がっくりと項垂れる姿が、昨晩の不気味な女性を思い出させた。いや、性別が違う。事故を起こしてしまってショックを受けているだけだろう、そんな風に自分へ言い聞かせる。だが、そんなごまかしは通用しない事実に気付く。この男性もまた薄着で、裸足だったからだ。薄着までは理解できる、しかし裸足なのはどういう事だ。これでは昨晩の女性と同じではないか。

背筋に再び痺れが生じる。早くこの場から立ち去りたい、警察がいるにも拘わらず、思わずアクセルを強く捻る。すると……。

物凄い勢いで、男性がこちらに振り返った。目が合いそうになるのを咄嗟に避ける。

嫌な予感が走った。もしかして……。

もしかして、アレは私にしか見えていないのではないか、と。


その日の夜、私はまた夢を見た。

狭い道を何かから逃げる夢。しかし、少し内容は違っていた。

昨日聞いた時の声は、どちらかといえば女性のような声だった。けれども今回は、どちらかといえば男性のような声。そして夢から覚める直前、謎の言葉が聞き取れたのである。

不気味な声は、このように言っていた。

『　テンドウ　　ウラミチ　　ヲ　ユルスナ　』


目覚めてすぐ、恐怖で心臓が早鐘のようになっているのもそのままに謎の言葉を調べた。

まず、テンドウとは何なのか。『天童』だとすれば、この意味は【仏教の守護神や天人などが子供の姿になって人間界に現れたもの】だと書かれている。

そして『天道』は【自然に定まっている道理、または天体が運行する道】などと書かれている。

他にも『テンドウ』の単語について色々と調べてみた。だが、後に続く『ウラミチ』という単語を踏まえると、『天道　裏道を赦すな』が正解ではなかろうか。

つまり自然の道理から外れた事、あるいは者などを赦すなという事。勿論、他の異なる意味かもしれないが。

次の日は仕事が休みだった事もあり、もっと深く『テンドウ』の事で調べる事にした。けれども、はっきりとした事は何も分からないまま時間は過ぎ、あっという間に夕方となってしまう。

この調子では、また今晩も怖い夢を見てしまうのではないか、そんな予感がしてならなかった。体調の悪さも重なり、夕食もほとんど手がつけられなかった時……。

突然、外から大きな音が聞こえてきた。何事か分からずにいると、今度はサイレン音が鳴り響く。「近所で火事が起こってるぞ！」という父親の大声。急いで靴を履き、父親の先導で向かうと……。

二階建ての建物が炎上しているのが見えた。ここは一階が小さな飲食店、二階を倉庫として使っていたはず。それが今や、真っ赤な炎に包まれている。

数台の消防車が一斉に放水を行う。それを離れた場所から心配そうに見守る近隣の住人達。原因は何だ、巻き込まれた人はいないか、不安は募る。

そんな中――私は目撃した。野次馬達に紛れる、一人の男性を。

群衆から飛び抜けて浮いている感じがした。肌寒い時期に薄着、そして裸足……。

昨日の事故現場にいた男性とは明らかに異なる。当然、その前に見た女性とも違っている。けれども……。

その場にいる全員が消火活動を見守っている中、そいつだけが俯いていた。がっくりと肩を落とし、力なく両腕をぶら下げて。

私は恐ろしくなり、叫びそうになる口元を手で押さえながら踵を返す。走って自宅へ戻る最中、連日見ている夢と重なった気がした。

部屋へ戻ると、私は身を隠すように頭から布団をかぶった。かちかちと震える歯、ビリビリと痺れ続ける背中。頭の中では夢に出て来た『テンドウ　ウラミチ　ヲ　ユルスナ』という言葉が繰り返される。

自分が一体、何をしたのか。分からない。何故このような目にあうのか。分からない。恐怖に押しつぶされてしまいそうになった時、私の意識はプツリと途切れた。

——夢を見た。今、最も見たくない夢を。

狭い道を走り、恐怖から逃げようとする夢。最初は聞き取れなかった言葉が、今はハッキリと聞こえてくる。

『　テンドウ　　ウラミチ　　ヲ　　ユルスナ　　』

目覚めろ、これは夢だ、目覚めろ目覚めろ——強く自分に言い聞かせて、思い切り目を開ける。狭かった道は消え、代わりに現れたのは真っ暗な自室だった。

……よかった、夢から覚めた。心臓は相変わらずバクバクと鳴り響く。額や背中に、じっとりと汗をかいている事も分かった。喉がひりつくのにも気づき、何か飲もうと身体を動かそうとした次の瞬間——。

動かない。どう力をいれようとも、身体が指先ひとつ動いてくれないのだ。

けれども意識はある。目は動かす事はできる。金縛り――ビリビリと背中の痺れが激しさを増す。

部屋の扉は開いたままだった。開けっ放しのまま眠ったのだろうか、記憶にない。そもそも、いつ眠ってしまったのか。分からない、何も。混乱している中、静寂を破るように小さな音が聞こえた。ミシリという、普段では聞き逃してしまうような音。私はすぐに気付く。

――足音、だ。誰かが、二階の、この部屋に向かって……上がってきている……！

ミシ、ミシ、と音は聞こえ続けている。自分の部屋までの階段は十四段。

恐怖の中、私は聞こえてくる音を数えてしまう。六段……七段……それは少しずつ近づいてきていた。

全身に力を込める。動け！　動け！　と念じながら。しかし全く動かない。

九段……十段……いよいよ、相手の姿が見える所までやってきた。

これも夢だ、夢なんだ！　私は自分に言い聞かせ、そして恐怖から背けようと目を閉じる。けれど上ってくる音が消える事はない。

十一段……十二段……十三段………。

こちらの姿は見えている事だろう。早くいなくなれ、早く、早く……！

しばらく待つが、一向に最後の十四段目を踏む音は聞こえない。

……もしかして、消えてしまったのだろうか。目を閉じたまま、私は今一度身体に力をこめる。すると布団を払うように右腕が動いた。

やった！　金縛りが解けた！　夢から覚めたんだ！

安心した私は、ここで目を開けてしまう。

真っ暗な自室のままだった。瞬間的に顔を階段傍の廊下へ向ける。けれども、そこには当然何もいない。

……ああ、よかった……本当に何だったんだ……。

半身を起こして、視線を廊下とは反対の窓へ向ける。するとそこに――。

知らない顔が覗いていた。

目を見開いて、ぎょろぎょろとこちらを見ている顔が。

私の部屋は二階、高さもあり登れる作りにはなっていない。にも拘わらず……。

それは、いた。

心臓から巨大な音が聞こえた気がして、再び私の意識は途切れた。

意識を戻すと、辺りは明るくなっていた。全身にびっしょりと汗をかき、思い切り歯を食いしばったせいなのか唇から血が出ていた。

よろけながら階段を下りると、母親に声をかけられた。「昨日は遅くまで何をしていたのか」と。

どういう意味か尋ねると、二階から床をダンダンと蹴る音がしていたらしい。まるで何かに苛立って、地団駄を踏むかのように。

私は何も言わなかった。告げた所で心配をされるだけだと思ったからだ。

火災の起こった例の建物は、飲食店の火の不始末が原因らしい。幸いな事に死傷者は出なかったとの事。

そして、あの日以来私自身も狭い道を逃げる夢を見なくなった。結局、テンドウの意味も分からないまま解決に至ったと思っている。

……そう思いたいだけなのかもしれないが。

二十一世紀のメリーさん

私が仕事にも慣れ、私生活にも気持ちの余裕が出てきた当時。

先輩だったコウジさん(仮名)から、食事に誘われた時の事だ。

「トシは霊感があって、恐怖体験も結構しているんだよな」

ビールを飲みながら、どこか思いつめた様子で話し始める。霊感というものが何なのか分からないが、普通ではありえないものを見たり体験したりするのに霊感が必要だというのならば、私は知らず知らず取得しているのだろう。

「ちょっと相談に乗ってもらいたい事があるんだ。真剣に悩んでいてさ……」

正直、厄介事に巻き込まれるのは勘弁して欲しいと思いつつ、会社の先輩の頼みを無下にできる強心臓を持ち合わせていない私は、頷いてみせた。

コウジさんは今、同じ職場内のミカさん(仮名)と交際している。それは会社内で知れ渡っており、結婚も秒読みかと噂かれているほどだった。

「実際、結婚をしたい気持ちはある。だけど……できないんだ」

結婚したいけれどできない、それはつまり金銭的な問題とか両家の問題とか、そういった事だろうか。

「いや、貯金はある。それに何度か彼女の実家にお邪魔したんだが、すごく気に入ってくれてな。早く孫の顔が見たいなんて言われた程さ」

だとすれば、何の問題も無さそうだが……私は注文したコーラを店員から受け取りつつ、首を傾げてみせる。

「……電話が、かかってくるんだ」

？？？　どうも要領を得ない。私はコウジさんに最初から説明してくれるように頼んだ。

今から約三年前、コウジさんにはサオリさん（仮名）という恋人がいた。

大学時代のサークルで仲良くなり、お互い社会人になっても交際は続いていたらしい。

二人は周りが恥ずかしくなるくらい仲が良く「バカップル」と冷やかされる事も多かったらしい。コウジさん自身、それを褒め言葉だと捉えていたようだが。

そんな二人には、毎日欠かさずやっている事があった。電話である。

朝起きて、まず電話。昼休憩と仕事が終わったら電話。寝る前にも電話と自由時間の大半をサオリさんとの電話に費やしていた。

そんなある日、コウジさんが仕事を終えて自宅に戻ってくると、いつものようにサオリさんから電話がかかってきた。明日は日曜で、今日はコウジさん宅で一緒に過ごす事になっていたらしい。気を遣わなくていいと言われながらもコウジさんは会社を早めに出て、サオリさんがやってくるまでに部屋を綺麗にしておこうと考えたのだ。

『もしもし、コウジさん？　今、会社から出てそっちに向かっているからね』

楽しそうな彼女の声に、コウジさんも顔をほころばせつつ「待ってるよ」と答える。

一度電話を切り、しばらくすると再び電話がかかってきた。

『もしもし。今から電車に乗るからね。あー、早く会いたいなぁ』

メールをすればいいのではないかと私は思ったが、少しでも相手の声を聞きたかったらしい。流石はバカップルというべきか。そして電話を繋いだままにしなかったのは、コウジさんが掃除をしているからだったらしい。なんとも面倒くさ……おっと。

さらに少しすると、またサオリさんから電話。

『もしもし、コウジさん？　今、駅から出たよ』

駅からコウジさん宅まで徒歩で十分程らしい。もうすぐ会える、さぞ胸を高鳴らせたはずである。

しかし、そんな彼女の願いは叶わなかった。

掃除を終えたコウジさんは彼女の到着を待っていた。しかし十分を過ぎても二十分を過ぎても彼女は現れない。ひっきりなしにかかっていた電話も途絶えてしまっている。

何度か彼女に電話をかけてみたものの、繋がらない。留守番サービスのアナウンスが聞こえた瞬間に通話を止める。それの繰り返し。

いてもたってもいられなくなったコウジさんは、駅まで迎えに行く事にした。駆け足で彼女の元まで向かう最中、何やら人だかりができている事に気付く。

嫌な予感を胸に、思い切って野次馬に飛び込む。そこで目に飛び込んできたのは——。

壁に激突した車と、タイヤの下から見える彼女の足。

叫びながら、コウジさんは彼女の元へ。地面には血だまりができており、身体の一部はあらぬ方向へ曲がっていた。

救急車が到着し、彼女と共に病院へ向かう。何度も声をかけ続け、救急隊員が蘇生術を試みるが……すぐに目を伏せ、頭を左右に振るのが見えた。

即死、だったらしい。

事故を起こした相手は、高齢ドライバーだった。最近になって物忘れが激しくなり、家族からも運転を反対されていたにも拘わらず車へ乗り込み、事故を起こした様子。

コウジさんの心に、大きな穴が開いてしまった。仕事に身が入らず、家に居れば泣いてばかりの日々。絶望感に襲われ、何度か自殺も考えたのだと言う。

そんな中、同じ職場仲間のミカさんが気にかけてくれた。嫌がるコウジさんを無理やり食事会に誘ったり、オススメの本や音楽を渡してきたり。

気付けば二人でいる時間は増えていた。人付き合いや恋愛に臆病となっていたコウジさんだが、ミカさんは少しずつ彼の心を癒していき、そして支えとなった。

交際を始めて数か月後、彼女との結婚を意識するようになった頃である。

コウジさんの携帯に深夜、電話がかかってきた。こんな時間に誰だと、少し気分を害しながら着信相手の名前を窺う。

そこには――『サオリ』という文字が表示されていた。

「……その電話には出たんですか？」

私が訊ねると、コウジさんは「ああ、勿論」と答えた。

「悪戯だったら怒鳴り飛ばしてやるつもりだったし、サオリ本人だったら……」

そこで会話は途切れてしまう。コウジさんは悲しそうな瞳をしながら、残ったビールを一気にあおる。

「どんな話をしたんですか？」

「話と言えるようなものじゃない……決まって向こうが言ってくるのは――。

『………もしもし……今××にいるよ………そっちへ向かうからね………』

……最初にかかっていた時は『会社から』だった……それが『駅に向かっている』に変わり、昨晩は……『駅から降りた』になっていた……」

………それは、まるで怪談の【メリーさん】じゃないか……。

「こんな話を誰にしたって、馬鹿にされるか怖がられるかのどっちかだ……でも、もう時間がない……サオリが家までやってきたら……俺は……殺されるかもしれない……それが怖くて……！」

身体を震わせながらコウジさんは話してくれた。私自身、何の因果かは知らないが過去に似たような『死者からの電話』を受けた事がある。亡くなったはずの人物から電話がかかってくる、その恐怖はよく分かるつもりだ。

「電話がかかってくる時間は、いつも決まっているんですか？」

「……ああ、大体は夜中の二時から三時頃で……これだよ」

携帯を取り出すと、着信履歴を見せてくれた。確かに毎晩夜中に『サオリ』から電話がかかっているようだ。

私は「電話をかけてみてもいいですか」と訊ねた。少し驚いた表情をしてみせたが、すぐにコウジさんは「してみるといいよ」と了承してくれる。

リコールをしてみる。しかしすぐにアナウンスの声で『この番号は現在使われておりません』と返ってきた。

「使われていない電話からかかってくるのは……心霊現象じゃないか……？」

顔色を青くさせながら呟くコウジさんに、私は「そうとも限りませんよ」と答える。発信専用の番号もあるという話だし、自分達が知らないだけでそのような設定ができる可能性は十分にある。ただ、それならば悪質な悪戯という事になるが……これ以上コウジさんを怖がらせないために、私は一応そう伝えておいた。

「ちなみに、サオリさんの使っていた携帯はどうしたんですか？」

「事故現場に転がっていたよ。液晶画面が壊れていて、とても使い物になりそうではなかった。当然、御家族にお渡しをしたけれど」

画面が壊れただけならば、通話はできるはず。もしかしたら、サオリさんの電話を使って何者かが悪用しているなんて事は……。

「それは俺も考えた。なので昨日、大学時代の共通の友人に連絡を取ってサオリの実家を教えてもらった。彼女の葬儀以来会っていなかったが、俺の事を覚えていてくれてね。サオリの携帯電話の件について聞いてみたんだ」

「なんと仰ってました？」

「遺留品の中から探してもらった。けれども……携帯電話だけは見つからなかったらしい。どこにいったのか見当もつかないそうだ……」

消えた遺品……その不気味な響きに、寒気が走った。

そんな話をしている最中、突然コウジさんの携帯から着信があった。あまりのタイミングの良さに内心は心臓がバクバク言っていたが、それを表には出さずコーラに手を回す。

「ああ、ちょっと悪い。ミカからだ」

コウジさんは少しの間、電話でミカさんと話をしてすぐに話を戻した。なんとなく気になった私は「ミカさんは、この件を知っているんですか？」と聞いてみた。

「ああ、知っている。正直に話さなければ結婚ができない理由を納得してくれないと思ったからな……気味悪がられて俺から離れても、それは仕方のない事だと思っていた。だけどミカは傍にいると言ってくれた……彼女のためにも、白黒はっきりつけたいんだ」

追加注文したビールを傾けながら、コウジさんは決意を語る。自分が二人のためにできる事があるならしてあげたい。さて、どうするべきか……。

分かっている事だが、私は神父でも除霊師でもない。非業の死を迎えたサオリさんの霊が、コウジさんの結婚を阻止しているならば対処のしようがない。

とりあえずハッキリさせておかなければならない。それらが霊の仕業なのか否かを。

「電話の内容ですが、毎晩同じような時間にかかってきて、少しずつコウジさんの家に近付いてきているという事ですよね。ならば数日間、コウジさんはどこか他の場所で寝泊りをするという方法もあります」

「……そんな事で解決できるだろうか……」

先述した通り、私自身も過去に似たような出来事を体験している。そして、この方法を思いつき真っ先に試した。けれど結果はうまくいかなかった。

「明日は会社も休みですし、これからコウジさんの御宅へ伺ってもいいですか？　というか最初からそのつもりで相談を持ち掛けたんじゃありません？」

少し意地悪な言い方をしてみると、コウジさんは「敵わんな全く」と苦笑した。

「トシの言う通り、いつ切り出そうか悩んでいたんだ。もし断られでもしたら、本当にカプセルホテルへ泊まろうと考えていた」

「時間は……まだ余裕がありますが、とりあえず向かいましょう。御馳走様です」

静かに伝票を差し出すと、コウジさんは渋い顔をしながら今一度呟く。

「敵わんな全く……」

電車に乗り、やってきたのはコウジさんの住むマンション近くの見通しの良い道路。

ここでサオリさんは亡くなってしまったのだ。現在は献花もなく、事故を覚えている者も少ないかもしれない。

「あの時、なんで駅まで迎えに行かなかったんだと悔やみ続けたよ。そんな事を今更考えた所で、もう遅いというのに」

愛する人を亡くした気持ちも、私は分からなくもない。泣いて泣いて泣き果てて、自分を恨んで恨んで恨みつくして……生き地獄とは正にこの事を言うんだろうと感じた。しかしそれでも、いつかは進まなければいけない。人の強さとは、辛い経験から一歩足を踏み出す事を言うんだと私は思う。

「行こう。こんな所でいつまでも立ち止まっていれば、職質を受ける事になりかねない」

冗談を言って、コウジさんは歩き始める。私は目を閉じ、合掌した後で彼に付いていった。

コウジさんの住むマンションは、思っていたよりも立派だった。六階立てのオシャレな造りでオートロック、駅やコンビニも近く好立地と言えよう。

中も綺麗なものだった。二DKの間取りで私の部屋より三倍は広い。最上階なので窓の外からは夜景が一望できる。家賃が高そうだな……。

「適当にくつろいで欲しい。何か飲むか？」

私は遠慮なく、水かアルコール以外なら何でもと答えた。なので、ジュースでも出してくれるかと思いきやテーブルに用意されたのはコーヒーミル。ほ、本格的だ。

コウジさんがコーヒー豆を挽いてくれている間、私は了承を得て部屋の中を色々と見させてもらう事にした。寝室、トイレ、浴槽……特別おかしな点はない。

何より私も部屋に来て嫌な感じを一切受けないのだ。こればかりは感覚で、うまく説明をする事はできないが……『嫌な場所には嫌な感じ』がある。学生時代、そういう類に詳しいお寺の住職さんに色々と話を聞いたのだが……残留思念がどうとか……忘れてしまった。

何より私が気になる点は、他にあった。こちらの思うように事が進めばいいのだが。

——時計の短針は二時をさしていた。コウジさんの話では、そろそろサオリさんから電話がかかってくるはず……私達は緊張した面持ちで、携帯をじっと睨み付ける。

五分、十分、十五分と経過していく。けれども着信は起こらない。

もしかして解決したという事だろうか。それとも、コウジさん一人の時でなければ電話はかかってこない可能性もありうる。

そのまま三十分が過ぎ、いよいよこれは何事もなく終わりそうだなと少し安心をした——

——次の瞬間。

——ガタガタガタガタガタガタッッッ！！！

テーブルに置かれたコウジさんの携帯電話が、突如激しく動き始める。

慌てて思わず中腰になっていると、コウジさんが「す、すまない」と謝ってきた。

「マナーモードのままだったらしい……そ、それよりも……」

コウジさんは震える手で携帯を私に差し出す。液晶画面に出された文字には──、

『　サ　オ　リ　』

と、表示されていた。

「さ、サオリからだ……！　やっぱりサオリの怨念が……！　ああああ……！」

泣きそうな声を出すコウジさんをそのままに、私は問題の携帯電話を奪う。躊躇なく通話ボタンを押し、画面を耳元に寄せる。

ザリザリという小さな雑音。「もしもし」とこちらから話しかけるが、相手は何も言ってこない。

「もしもし。どちら様ですか、もしもし！」

少し怒気をはらんでいたのは恐怖もあったからだ。けれども、ここはハッキリとしておかなければならない。目前のコウジさんは私に向かって「やめとけ！　やめとけ！」と口パクで忠告していた。

雑音は続く。聴覚に神経を集中させ、様子を窺っていると……。

『――もしもし……コウジさん………？』

喋った……！　消え入りそうだが、間違いなく女性の声。そしてはっきりと、コウジさんの名前を告げている。ここで私は息の仕方を忘れてしまう。呼吸が苦しくなり、口を開けるが酸素は入ってこない。パニックになっているのだろう。

私は腕を大きく上げ、勢いをつけて自分の膝を叩く。パンという大きな音と痺れが広がり、ようやく我を取り戻す。ふっふっふ、と短く深呼吸を行った後、話しかける。

「……あなた……サオリさん……なの、か？」

直接問いただす事ができた。それに対して、相手の答えは……。

『………今……マンションの外にいるの………』

ブツンと、そこで電話は切れる。通話時間は、わずか数秒。

私はコウジさんの携帯を放り投げ、慌てて窓へと駆けていく。ベランダまで出て手すりを掴み、身を乗り出して階下を睨み付ける。夜なのではっきりとは分からないが、そこには誰もいないように思えた。

……もしかして、もうマンションの中に入り……こちらへ上ってきている……？！

掌に汗をかいている事に気付き、それを服の袖で拭う。今一度部屋に戻り、しっかりと窓に鍵をかけたその時――。

私は窓ガラスに映るコウジさんの姿を見た。情けなく慌てふためいている私とは相反し、無表情でじっとこちらを見ている彼の姿を。

それはまるで、私の様子を窺っているようだった。

「コウジさ――――」

振り返り、相手の名前を呼ぼうとした時だった。再びコウジさんの携帯から着信音が流れる。驚いた表情で液晶画面を見つめ、彼は「ひぃいいいっ⁉」という叫び声をあげる。

「さっ、ささささ、サオリが……！　サオリから、でで、電話ッ⁉　ななんで、どうして⁉」

恐怖のあまり携帯を放り投げる。床へ転がった後も着信音と振動は続いていた。

更にコウジさんは「ぎゃあああああっ？！」と大声をあげる。今度は玄関を指差しながら彼が言う。

「と、扉がっ‼　今、ノック音がッッ‼　さ、サオリが来た‼　サオリが俺を殺しにきたッッッ！！！！」

「――――ッッ‼」

私は怯えるコウジさんの腕を掴み、玄関へ向けて引っ張りながら言った。

「コウジさん！　貴方はサオリさんに取り憑かれている！　彼女の呪縛から逃れ、ミカさんと幸せになりたいんじゃないんですか⁉」

「うあぁあああ！！　もう、もうダメだ！　俺は死ぬ！　殺されるんだ！！」

私は舌打ちをしてみせると、怒りの形相でコウジさんの肩を思い切り叩く。まさか殴られるとは思ってもみなかったようで、放心状態となるコウジさん。

「しっかりしろよ！！　サオリさんは事故で死んだ！　だがアンタはまだ生きてる！　これからもアンタの人生は続くんだよ！　サオリさんの霊が、すぐそこまで来ているのならちゃんと伝えろ！　自分はどうしたいのかを！！」

「………自分が……どう、したいか………」

コウジさんは、まるで夢遊病者のように立ち上がり、覚束ない足取りで玄関扉の前まで歩いていく。そしておもむろに両膝を床へつけると、土下座をしてみせた。

「……サオリ……サオリ……ごめんよ……俺はまだ、そっちに行きたくない……サオリと同じくらい、好きな人ができたんだ……大事な人なんだ……その人と、俺は幸せになりたい……サオリの分まで……本当にごめんな……こんな俺で……本当にごめん……！」

コウジさんは泣いていた。最後の方は言葉にならない程に。

何度も謝るコウジさん。すると鳴り続けていたスマホの着信音が止まった。

静寂が訪れ、私は恐る恐るコウジさんの横を通り玄関扉を開けてみた。そこには当然、誰の姿もなかった。

――その後、コウジさんの携帯は何故か電源がつかなくなってしまった。携帯ショップへ故障原因を調べてもらったが分からず、やむなく新しい携帯を買い変える手筈となった。

あの日以来、サオリさんから電話はかかってこないらしい。

サオリさんはコウジさんの訴えを聞き入れたのか、それとも……

私には一つの解釈がある。

サオリさんはコウジさんの後悔が生み出した呪縛だったのではないか、と。

彼女を失って以降、コウジさんの精神状態がおかしくなっていたのは先述の通り。ミカさんという新たな恋人ができて彼自身もどうしたらいいのか分からず困惑し、錯乱した挙句に「サオリさん」という悪霊を生み出してしまったのではないか。

実際、ミカさんから事前に相談を受けた。コウジさんが亡くなったサオリさんの携帯電話を遺族に黙って持ち帰っているみたいだと。

自分でサオリさんの携帯から自分の携帯に電話をかけ、さも死者から連絡があったように装っていたのではあるまいか。

霊感が強いと会社でも噂されている私が、コウジさんにサオリさんが取り憑いていると証言すれば信ぴょう性は一気に上がる……とでも考えたのかもしれない。

だが、これらは私の勝手な推測にすぎないし仮にそうだとしてもコウジさんを責める事などできはしない。それだけ彼も追い詰められていたと思うから。

コウジさんは今回の一件をきっかけに、精神状態も安定した。結婚をして守るべき者ができた事も良かったのかもしれない。寿退社をしたミカさんも、近々女の子を出産する予定らしい。二人が幸せそうで本当によかった。


……けれど未だに腑に落ちない点もある。

……あの時聞いた女性の声……あれは一体何だったのか。


いや、コウジさんの携帯は故障していたのだ。どこかの電話と混線して、他所の声が入っただけなのかもしれない。只の機械音を、私が勝手に女性の声と思っているだけの可能性だってある。

コウジさんの生み出したものを私が掘り起こしてどうする。失笑しながらそんな事を考えていると、私の携帯から着信音が聞こえてきた。着信相手を見るが非通知の様子。最近は悪徳業者から電話がかかってくる事もあるので得体の知れない電話は取りたくないが、仕事の電話の場合もあるので出ないわけにもいかない。

私は仕方なく通話ボタンを押して「はい、もしもし」と告げた。

『も　し　も　し

い　ま　あ　な　た　の

う　し　ろ　に　い　る　よ　　　』

不気味なビデオ

仕事が終わり、深夜に自宅へ戻ってきた時の事。私はソファに腰を沈めてネクタイを外し、ひと心地ついていた。

週末の忙しさから解放されて明日は休み。既に睡魔は顔を覗かせていたが、貴重な時間を眠りに費やすのはもったいない。

とりあえずテーブルに置かれたリモコンを手にして、ニュースでも見ようと思った。思えば最近テレビを見なくなった。それだけ歳をとってしまったのかと思えば悲しくなる。いや断じて違う、そうではないはずだと自分に言い聞かす。

テレビの電源をつけると、ケーブルテレビの番組が流れていた。おそらく母親が眠る直前まで韓流ドラマを見ていたのだろう。

私が適当にザッピングしていると、少し興味を持つ番組に行き着く。それは投稿者が撮影した恐怖映像を流すというありふれた内容だった。夏も過ぎ肌寒くなってきたこの時期に、このような番組を流すとは流石はケーブルテレビである。

時刻を見ると深夜二時。なるほど怖い映像を見せるにはうってつけの時間だ。私は音量を少し上げて、その番組を見る事にした。

最初は恐怖映像が流れるまでの前振りが長すぎて、欠伸を連発させるような内容だった。けれども肝心の恐怖映像が流れた瞬間、私の動きは止まってしまう。

なんと私は、〈その恐怖映像を過去、実際に見た〉事があったからである。

その時に体験した恐怖経験を、ここに載せておこうと思う。

――大学時代、私は友人から『ある頼み事』をされた。

「不気味なビデオがあるんだけど、それを手元に置いておくべきか悩んでいる」

不気味とは一体どういうものなのか尋ねると「とにかく不気味」と返された。見た者は一週間以内に死ぬとか、そういう類のものだろうか。それならば簡単だ、ダビングして他の誰かに見せてやればいい。

「いやいや、冗談じゃなくて本当に不気味なんだって！」

真剣に困った顔をする友人。私は正直、この手の『呪いビデオ』に飽き飽きしている部分があった。何作かそれっぽい内容のビデオを見せられた事もあるが、今も私はこうして元気に学食でカツカレーを食べている。

しかし大抵、この手の話題を持ち掛けてくる奴は私を驚かそうとニマニマしていたり過剰すぎる恐怖演出をしてくるものだが今回は少し違う。私はスプーンでカレーに埋もれたカツを一刀両断しながら「そのビデオをどこで入手したのか」その経路を探った。

友人は私と同じく大学近くのアパートで独り暮らしをしていたのだが、ある日ポストの中にチラシが入っているのを発見。その内容は「裏ビデオ　十本激安」だったらしい。

今でこそアダルト動画などインターネットで腐る程見れる時代だが、当時はそこまで主流ではなかった。中には興味はあるもののエロ本をコンビニで購入したり、レンタルビデオショップで大人のビデオを借りる事に抵抗を持つ若者も少なからずいた。そんな男の悲しき性に付け込んだ悪徳商法が、この裏ビデオ販売である。

チラシを見せてもらうと、このような事が書かれていた。「無修正なので正規のレンタルショップには並べられない内容」「電話一本で、すぐに配送致します」「一本三千円の所、今だけ五本一万円。十本なら更にお得で一万五千円」

ちなみに何本購入したのか訊ねると、目線を外しながら「……十本」と答えた。

一万五千円……高い買い物だな。

友人はチラシに載った番号に電話をした。すると男性が出て「何本購入されますか」「住所と電話番号を教えてください」「キャンセルはきかず、先に振り込んで頂く事になります。振込先は――」などと言ってきたらしい。

聞かれるがまま素直に友人は男の質問に答え、当日の内に郵便局から一万五千円を振り込んだ。すると一週間程たって、友人宅に段ボールが届く。これといった衝撃対策もしておらず、無造作に入れられた十本のＶＨＳテープ。当日お届けの触れ込みはどうしたとツッコミたい所だが、友人は特に気にしなかった。

わくわくしながらビデオテープをデッキに入れて再生してみると、砂嵐が流れるばかりで肝心の中身がない。全てのビデオを確認したが、どれも同じだったらしい。

これはどうした事だと思った時、段ボール内に一枚の紙が入っていたという。それを私は見せてもらった。

『無修正ビデオは見つかると犯罪になるため、一度ダミーテープを送らせて頂いております。無事にそちらへ送られたのであれば、御面倒ですが中身そのままで当社へ返送をお願いいたします。御注文のビデオテープを送らせて頂きます』

怪しさ満点だが、友人としては騙されたくない気持ちもあり「それだけ徹底しているんだな」と思ったらしい。返送代金を支払い、待つこと更に一週間。再び段ボールが彼のアパートに送られてきた。

ようやくかと、再びわくわくしながらビデオの中身を確認する友人。しかし、そんな期待は儚くも裏切られてしまう。

またもや砂嵐の内容だったからである。

腹が立った友人は、裏ビデオ販売の会社に電話を行う。すると相手は……。

『警察の目をかいくぐるため、当社はビデオテープに独自の細工を行っております。私達が開発したビデオデッキでなければ、内容を確認する事はできません』

ここでようやく友人は詐欺と気付いたらしい。いや、遅すぎるだろ……。

「それでも悔しくて、もしかしたら一本くらい本物が紛れているんじゃないかと確認したんだよ……そしたら」

エロビデオではなく、不気味なビデオが紛れていたという事か。

とりあえず何がどう不気味なのか分からない。私がそう言うと友人は待ってましたという感じでカバンから一本にビデオテープを取り出す。まさか、これは……。

「そう。不気味なテープ」

いや引っ込めてもらっていいですか？　私そういうの結構なんで。

「頼むよ、付き合ってくれよ！　お願いだから！！」

誤解を招く言い方をするんじゃない！　ほら、周りの人達が白い目でこっちを見てる！

私はとりあえず、この場から立ち去りたい一心でテープを受け取った。適当に中身を確認して、とっとと返却すればいいと思ったのだ。

――テープを受け取って三日が経過した時、自宅に電話がかかってきた。テープの持ち主である友人からで「中身は観たか」という内容。

正直、気がのらなかった私は玄関にテープを置いたままほったらかしていた。なので友人には適当に「これから観ようと思ってた所だよ」と伝えておいた。

「いや、別の友達にビデオの事を話したら観てみたいっていうからさ。もう少ししたら、そっちに取りにいくわ」

だったら私の事など気にせず、どうぞ今から取りに来てくれと伝えたが「それは駄目だ。ちゃんと中を確認しろ」と言われて電話を切られてしまう。

……仕方ない、観るしかないか。覚悟を決めた私は、問題のテープをデッキに入れて再生ボタンを押す。

ビデオは最初、赤青緑といった原色が映された。番組が終了した時などに流れる、例の画面である。それが大体一分くらい流れると、一気に画面は切り替わった。

昭和を感じさせるような、どこかの家のリビングが映し出される。中央にはテーブルがあり、端にはテレビ。ごく一般的な中流家庭といった感じだ。

そして耳鳴りだったのか分からないが、キーンという音が聞こえていた気がする。今にして思えば、あればモスキート音だったのかもしれない。

私は不快感を露わにしながら、映し出されたリビングをじっくり観察する。画像は非常に悪く、時折波打つような感じになるが最近撮影されたものではなさそうだ。

もっとよく観察を、そう思ってテレビに顔を近づけた時……再び画面は切り替わる。

突如、テーブルに人間が四人現れた。二人ずつ向かい合うようにして座っており、左には父親らしき人物と母親らしき人物。右側には男の子と女の子。

椅子の背もたれにには寄りかからず、全員が背筋を伸ばして対峙している。家族会議で深刻な話をする時のような、そんな印象を抱く。

そしてこの後、私は思い知らされる。このビデオの何が『不気味』なのかを。

『はは　はははは　はは　は　はは　はははは　ははは　は　は』

『ふふふ　ふ　ふふふふ　ふふふふ　ふふふふふふ　ふ　ふ　ふふ』

突如、四人が一斉に笑い始めたのである。何がおかしいのか分からない、けれど一心不乱に笑い声を出し続ける者達。

目は見開いたまま、お互いを見つめあった状態で口の端だけ釣り上げ、笑い声をあげる。

その光景は、確かに不気味としか言いようがなかった。

気持ち悪い、私がそう思った瞬間に画面から一人の姿が消えた。母親が一瞬にしていなくなってしまう。

三人になってからも、笑い声は止まる事がない。そうこうしていると、今度は男の子の姿が消えてしまった。

これは何を目的として撮影されたのだろうか。今の技術をもってすれば、一瞬にして撮影者の姿を消す事など簡単にできる。けれど撮影された時代には、まだそんな技術は開発されていないだろう。

二人になっても笑い声は続く。そして女の子も忽然と姿を消し、ついには男性一人だけとなってしまった。

男は一人になっても笑い続ける。なんとなく、これ以上見てはいけない気がして私はビデオを止めようとした。と、その瞬間――。

ついに、男性もいなくなってしまった。笑い声が消え、再びキーンという耳鳴りのような音が聞こえてくる。リビングはその後も映し出されていたが二～三分後には最初の原色だけを映し出す画面に戻ってしまった。

確かに……これは不気味だ。得体の知れない怖さがある。

私はビデオと一緒に友人から預かった裏ビデオ業者の手紙に今一度目を通す。

送られた住所は東京となっている。最初からチラシに載っていた「即日お届け」的な事は嘘だったのかと思ったが、そんな事はどうでもいい。

気になった私は電話をとり、紙に書かれた業者の電話番号にかけてみた。「おかけになった番号は使われていない」とアナウンスされ、当然そうだよなと納得してみせる。

映し出された四人、彼らは本当に家族なのだろうか。それならば多少なりとも子供は親の顔に似るものだが、画像が悪い上に横顔なのでハッキリとは分からない。

時代は感じさせるものの、比較的オシャレなインテリアだ。これらを買い揃えようとすれば田舎だと難しい。だとすれば撮影場所は東京の可能性が高い。今から十年、いやそれよりもっと昔の時代かも知れない。

そんな事を考えている途中で、私はふと『ある事』に気付く。

画面は依然、原色を映し出している。テレビの上に乗せたビデオデッキを見ると、数字が一ずつ増えている。つまり――

まだビデオは終わっていない、という事だ。

既にインテリアの画面から切り替わり、何分経過しただろうか。十分？　二十分？

――唐突に、画面は変化する。

画面は再びリビングを映し出した。ただ違っていたのは、先程から一人ずつ消えていった四人が戻ってきている事だった。今度は椅子に座る事なく、笑う事もなく俯き加減で力なく突っ立っている。

そんな四人の顔が、一斉にこっちを向いた。

私の背筋に、痺れのような衝撃が起こる。駄目だ、これ以上観てはいけない。直感でそう思った私は、慌ててビデオデッキの停止ボタンを押す。

ビデオは切れ、テレビには砂嵐が戻る。これは……本気でやばいビデオかも知れない。

額にかいた汗を袖で拭いながら、私は思った。


次の日、私は友人を講義室へ呼び出す。当然、このビデオを返すためだ。

約束の時間から十分遅れて顔を見せた彼に、私はビデオを押し付ける。

「中身観たんだよな？　で、どうだった？」

呑気にそんな事を言う彼に、私は若干苛立ちながら告げた。本物の呪いビデオかどうかは分からない。けれど普通じゃない雰囲気は感じた。お祓いをしてもらって、すぐに手放したほうがいい、と。

「やっぱりそうか……でも大丈夫。昨日話したモノ好きが、このビデオを引き取りたいっていうからさ。今から渡す事になってるんだよ」

「原付で夜に、お前の家まで行ったんだよ。そうしたら玄関にお前の家族がいるのが見えてさ。流石に割って入る勇気もなかったし、そのまま引き返したのさ」

……家族？　そんなはずがない。家族とは遠く離れていて簡単に来れる距離ではないし、そもそも昨日の夜は誰とも会っていない。

時間は何時頃か尋ねると、丁度私がビデオを観ている位の時間だった。

「え？　いや絶対見間違いなんかじゃなかったぞ。お前のお父さんやお母さん、それに弟や妹も一緒に玄関に立っていたから」

……私に、弟や妹はいない。そして、その家族構成は……まさか……。

「おっと、もうこんな時間か。んじゃ、ありがとな」

友人は、そのまま去ってしまった。ビデオをカバンに入れたまま。

その日から暫く、私は深夜にうなされたり金縛りにあうようになった。眠っている間、誰かに見られているような気配を感じる事もあったが、それがビデオを観た事に関係しているのかどうかは定かではない。

——あの時のリビングと四人家族が今、テレビに映し出されている。

得体の知れないビデオがあるので調べて欲しいという番組視聴者からの依頼だった。

私も観たあの時のビデオが様々な人の手に渡り、今も存在している事にゾッとする。

そして何より私を驚かせた事は——。

番組は最後の映像、つまり四人が再びリビングへ集結し、一斉にこちらを見る場面を流していなかった事だ。

単に気付かなかっただけなのだろうか。それとも……。

『あれは私にだけ見えた映像だった』とでもいうのだろうか——？

あとがき

『霊感書店員の恐怖実話　怨結び』を最後までご覧頂き、誠にありがとうございました。

ここでは、それぞれの話について個人的な見解などを述べさせて頂きます。


『怨結び』


読み終えた方は、この感想に至るでしょう。

「渡邊 裕美という女性は一体何だったのか――」

はっきりと言います、分かりません。ただ気になる点としては、襲われた時に聞こえた「違う、あんたじゃない」という言葉。本当にそう言っていたのかと言われれば「……多分」としか答えられませんが、結果としてその日を境に彼女の姿も連絡も無くなったのは事実です。もしそうならば、彼女は一体誰を狙っていたのでしょうか。

新聞やニュース等でたまに聞くストーカー事件のようですが、当事者である私としては彼女の存在が現実から逸脱しているような印象を受けました。瞬きをせず足音も立てず、気付けばパーソナルスペースに侵入されている。恐怖を煽り、相手を傷付ける事に一切の躊躇を持たない……それはもはや怪異と呼べるのではないでしょうか。

『禁じられた話（オマケ）』

殺人において遺体処分が一番難しく、隠すにしても常に不安がつきまとうらしいです。女性とはいえ人を運ぶのは重いですし目撃者の存在も怖い。海に捨てても浮かびますし、山に埋めても野生動物が掘り起こす心配があります。結果、異変が起こればすぐに気付く近場に遺体を隠したのではないかと思います。

『二〇一二年九月某日』

生き霊だったとするならば、私にとって初めての体験でした。交通マナーは守りましょう。その後二人は結婚、子供を授かり他県で幸せに暮らしていると聞きました。

『電話ボックス』

本編で書き忘れましたが、電話ボックス内には分厚い電話帳があり、色んなページに「助けて」や遺書のようなものが書かれていました。かごめかごめの歌にそのような恐ろしい裏設定がある事も知りませんでした。

松井はこの後、四十度を超える高熱で生死の境に立たされましたが、霊の仕業かどうか謎のままです。彼の分までお祓いに行き、嘘のように体調が回復したのは驚かされました。

『初めての友達』

今でもリサイクルショップで古い大きなタンスを見ると身構えてしまいます。昔の嫁入り道具は豪華ほど良いと言われ、タンスも定番だったらしいです。何かしら曰くが付いていても、それは不思議ではないと聞きました。材木も呪術で使われる事が多いようです。

『さしてくれ』

彼は「とどめをさしてくれ」と告げていたのでしょうか。私は実の娘だと気付き「顔をよく見させてくれ」と言っていたのでは、とも思います。この出来事がキッカケか分かりませんが、桂木さんは地元で看護師になられたそうです。

『謎の言葉』

火災が起こった場所は、今も焼け跡を残したまま放置されています。作中に出ています謎の人物ですが、過去にも様々な場所で目撃しました。車の往来が激しい道路の真ん中にポツンと佇む人物であったり、河原でじっと川を眺めている人物であったり。普通と違って存在感が希薄な印象を受け、背筋が痺れる感覚があると即座に目を逸らすようにしています。何故か分かりませんが、じっと見てはいけない気がするのです。

『二十一世紀のメリーさん』

メリーさんと同様の都市伝説や怪談は非常に多いです。他にも「貞子に繋がる」「ドッペルゲンガーに繋がる」、高校生の頃は「お経が流れる番号」というのが流行したのを覚えています。余談ではありますが、私は振り込め詐欺の業者から電話がかかってきて罵詈雑言飛び交う口論になった事があります。

『不気味なビデオ』

同様の映像をご覧になった方もいらっしゃるのではないでしょうか。呪いは伝播しなければ意味を成さないのでビデオや電話が効果的と聞いた事があります。とりあえず、身に覚えのないものには手を付けないのが賢明です。

謝辞に移らせて頂きます。

書籍化までに尽力して頂きました竹書房の皆様、イラストを手掛けてくださったエザキさん、特に担当の小川さんにはご迷惑おかけしました。体調にお気を付けくださいませ。エブリスタの方々、ファンの皆様、いつもありがとうございます。引き続き応援の程、よろしくお願い致します。

苦楽を共にしている書店員の方々。身体が資本ですよ。今後とも仲良くしてくださいませ。

私の恐怖体験に巻き込まれた友人一同、またゆっくりお話しましょうね。

最後に一番の協力者でありますす家族と、本書に手を取って頂いた皆様へ。

心からお礼申し上げます。ありがとうございました。

霊感書店員の恐怖実話 怨結び

2018年5月28日　初版第1刷発行

著者　　１０４（トシ）

カバー　橋元浩明（sowhat.Inc）
発行人　後藤明信
発行所　株式会社　竹書房
〒102-0072　東京都千代田区飯田橋2-7-3
電話03-3264-1576（代表）
電話03-3234-6208（編集）
http://www.takeshobo.co.jp
印刷所　中央精版印刷株式会社

定価はカバーに表示しています。
落丁・乱丁本は当社までお問い合わせ下さい。

ISBN978-4-8019-1465-0 C0176

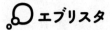